はじめての

かんたん！
かわいい！

推しぬい & ぬい服

制作 グッズプロ　監修 まろまゆ

西東社

世界一かわいい推しを作ろう！

ツンツンヘアが
キマッてる！

写真左
ボディ　15cm（38ページ）
髪型　ベリーショート（78ページ）
洋服　Tシャツ（96ページ）
　　　ズボン（108ページ）

写真右
ボディ　22cm（48ページ）
髪型　長めツンツン（80ページ）
洋服　Tシャツ（98ページ）
　　　開襟シャツ（102ページ）
　　　ズボン（108ページ）
　　　スニーカー（119ページ）

髪の毛と洋服の色を
コーディネート！

写真左
ボディ　15cm（38ページ）
髪型　耳下ボブ（83ページ）
洋服　Ｔシャツ（96ページ）
　　　スカート（112ページ）

写真右
ボディ　15cm（38ページ）
髪型　逆立ち（86ページ）
洋服　Ｔシャツ（96ページ）
　　　ズボン（108ページ）

寝ころぶとお顔が
よく見える！

後ろ髪も
キュート♡

写真左
ボディ　寝ころび・小（62ページ）
髪型　前髪ありオールバック
　　　（62ページまたは94ページ）
洋服　Tシャツ（100ページ）
　　　ズボン（110ページ）

写真中
ボディ　寝ころび・小（62ページ）
髪型　マッシュウルフ（82ページ）
洋服　Tシャツ（100ページ）
　　　ズボン（110ページ）

写真右
ボディ　寝ころび・大（62ページ）
髪型　サイドまとめ髪（89ページ）
洋服　Tシャツ（100ページ）
　　　スカート（113ページ）

座らせると写真も
かわいく撮れる！

写真左
ボディ　寝ころび・小（62ページ）
髪型　クマ耳＆クマしっぽ（90ページ）
洋服　Tシャツ（100ページ）
　　　スカート（113ページ）

写真右
ボディ　22cm（48ページ）
髪型　ニュアンスショート（79ページ）
洋服　Tシャツ（98ページ）
　　　ジャケット（102ページ）
　　　ズボン（108ページ）

帽子とスニーカーで
かわいく☆

写真左
ボディ　22cm（48ページ）
髪型　刈り上げ（85ページ）
洋服　Ｔシャツ（98ページ）
　　　ズボン（108ページ）
　　　帽子（118ページ）
　　　スニーカー（119ページ）

写真右
ボディ　22cm（48ページ）
髪型　ショートパーマ（48ページ）
洋服　Ｔシャツ（98ページ）
　　　フード付きケープ（106ページ）
　　　サロペット（115ページ）
　　　スニーカー（119ページ）

お気に入りの場所に
くっつけて愛でたい

写真左
ボディ　寝ころび・大（62ページ）
髪型　外はねボブ（84ページ）
洋服　Tシャツ（100ページ）
　　　ズボン（110ページ）

写真右
ボディ　15cm（38ページ）
髪型　ウルフ（81ページ）
洋服　Tシャツ（96ページ）
　　　ズボン（108ページ）
　　　帽子（118ページ）

どこに置いても
いやされる～

写真左
ボディ　15cm（38ページ）
髪型　セミロングウェーブ（88ページ）
洋服　Tシャツ（96ページ）
　　　サロペット（115ページ）

写真右
ボディ　15cm（38ページ）
髪型　ショート（38ページ）
洋服　Tシャツ（96ページ）
　　　フード付きケープ（106ページ）
　　　ズボン（108ページ）

ネコ耳としっぽが
たまりません

ボディ　22cm（48ページ）
髪　型　ネコ耳（92ページ）
しっぽ　（75ページ）
洋　服　Tシャツ（98ページ）
　　　　ジャケット（102ページ）
　　　　ズボン（108ページ）

ポージングも
できちゃうなんて！

ボディ　22cm（48ページ）
髪　型　ロングウェーブ（87ページ）
洋　服　Tシャツ（98ページ）
　　　　スカート（112ページ）

CONTENTS

PART 1
ぬい作りの準備

PART 2
ボディの作り方

PART 3
髪型の作り方

PART 4
洋服の作り方

この本の作り方について
• 作り方の紹介では手ぬいとミシンぬい、両方で紹介していますが、基本的にすべてのものを手ぬいで仕上げることができます。手ぬいの方法については、34ページから紹介しています。

• 手順を分かりやすく紹介するため、目立つ色のペンや糸を使用していますが、実際に作る際は目立たない色を使いましょう。

• 手順のページで使っている表情の刺しゅうは機械で刺しゅうしたものです。手刺しゅうのやり方は30ページから紹介しています。

• ぬい方やわたのつめ方によって、仕上がりに差が出ることがあります。寸法などは目安として確認してください。

推しぬい作り を始めよう

この本で紹介しているボディ・表情・髪型から推しに近いものを選び、
作りたいぬいのイメージをかためていきましょう。

step 1 ボディは基本の4種類から選ぼう！

15cm

一般的なぬいのサイズに一番近い大きさです。表情がよく見えるようになっているのがポイント。いっしょにお出かけもできます。

いいところ

作るのが比較的かんたん

洋服も作りやすい

DATA

全長	約15cm
頭囲	約22cm
頭頂部から首まで	約8cm
首からつま先まで	約7cm
腕の長さ	約3cm
足の長さ	約3.5cm

寝ころび（小／大）

顔をこちらに向けて、体はペタッと寝ている形です。中に洗濯ばさみを入れることで、かばんの持ち手やパソコンの縁につけることができます。

いいところ

寝ころんでいる姿が**かわいい**

お気に入りの場所にくっつけられる

DATA

全長	小・約11cm／大・約17cm
頭囲	小・約17cm／大・約28cm
頭頂部から首まで	小・約6cm／大・約9cm
首からつま先まで	小・約7cm／大・約10cm
腕の長さ	小・約4cm／大・約6cm
足の長さ	小・約3cm／大・約5cm

22cm

手足が長めでスタイルがよい形です。中にぬいぐるみ用のボーンを入れることで好きなポーズをとらせることもできます。

いいところ

スタイル抜群でかわいい

ボーンを入れればポーズがとれる

DATA

全長	約22cm
頭囲	約28cm
頭頂部から首まで	約10.5cm
首からつま先まで	約11.5cm
腕の長さ	約4.5cm
足の長さ	約5cm

表情パーツを組み合わせて顔を作ろう！

① まずはどんな目にしたいかを決める

まずは "推し" を観察して、どんな表情にするかを考えます。中でも大事なのは目。この本では、4種類（丸目・たれ目・つり目・三白眼）に分けて目の刺しゅう図案を紹介しています。似顔絵やデフォルメイラストなどを参考にするとイメージしやすいです。

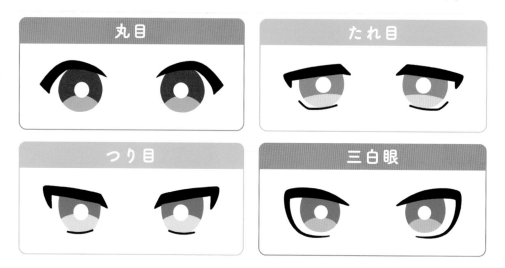

② まゆ毛の形も個性になる

目が決まったら、どんなまゆ毛を合わせるか考えます。デフォルトの表情があれば、最初はそれに近いまゆ毛の形を選ぶと GOOD。怒った顔、泣きそうな顔、困った顔など、まゆ毛を変えると表情にもバリエーションが出ます。

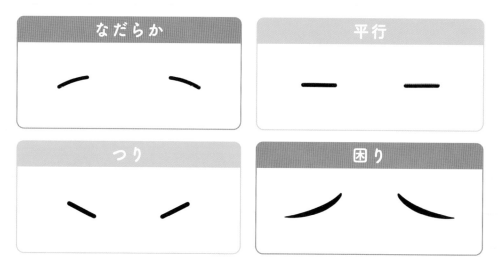

③ 口は感情が出る

口は感情が一番表現される部分。にっこりした口、大きく開けて笑った口、への字で怒った口、困ったような口など。同じ目とまゆ毛でも、口が変わると印象が変化するので、いろいろ組み合わせて試してみるのもいいですね。

④ 目・まゆ毛・口を組み合わせる

次のページでは、あらかじめ組み合わせた刺しゅう用の図案を掲載していますが、それぞれ組み合わせを変えて、推しにぴったりの表情を作ってもOK。目・まゆ毛・口をそれぞれ20パターン紹介しているので、組み合わせは無限大です！

パソコンで顔をデザインしてみよう！

❶ パソコンで下記のURLにアクセスして、表情のイラストデータと顔の型紙のデータをダウンロードします。

ダウンロード用URL：
http://www.seitosha.co.jp/hajimeteno_oshinui_nuifuku.html

❷ 輪郭ガイド入りの顔の型紙のデータの上に、目・まゆ毛・口のパーツを重ねて配置し、表情を作ります。ダーツの上にはパーツを置かないように注意！さまざまな組み合わせを試して、推しに近い表情を見つけましょう。

15cm用

※ダウンロードできるイラストおよび型紙は、本書ご購入者様の推しぬい作りのサポート用として配布するものです。第三者に配布や譲渡すること、営利目的で使用することはかたく禁止します。

表情刺しゅう用図案

難易度

かんたん

↓

むずかしい

全部で20パターンの刺しゅう用の図案です。15cmのぬいにはそのまま使えます。
22cm、寝ころび・大は約140％に拡大、寝ころび・小は約85％に縮小して使いましょう。

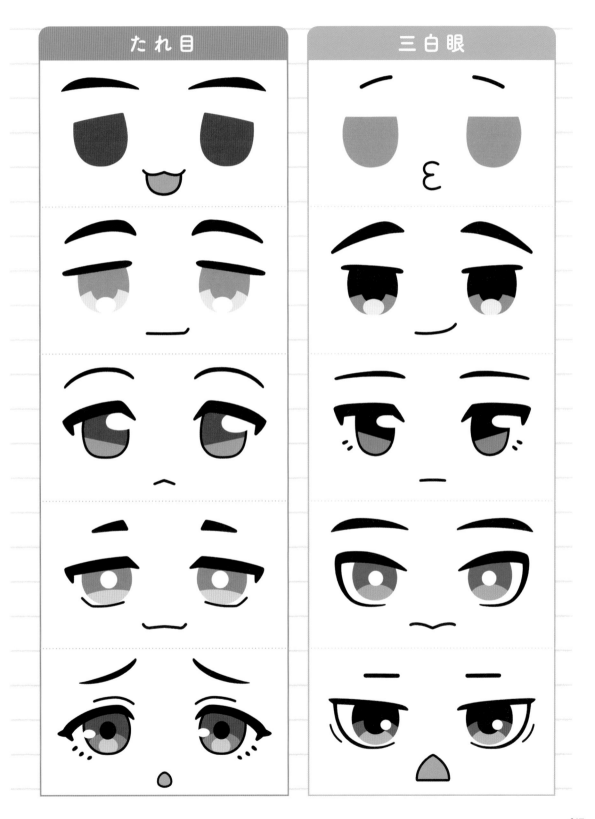

17種類の髪型から ぴったりのものを選ぼう！

① 推しに近い髪型と 布の色を選ぶ

ヘアカタログを見て、推しに近い髪型を探しましょう。ソフトボアにはたくさんの色の種類があるので、気になった色は色見本などを取り寄せて見てみるのも◎。ソフトボア以外の布で作ることもできます（59ページでは毛足の長い布を使う作り方を紹介しています）。

② もっと推しに近づける ためにはアレンジ！

型紙はそのまま使ってもいいですが、反転させたり、前髪の形を少し変えたりして、アレンジしてみるもの楽しい！色の違う布を内側に貼りつけたり、毛束を作って前髪に貼ったりすると、より個性が出ます。

この本で作れる髪型
ヘアカタログ

78ページから紹介している髪型の作り方は、ダーツをぬって仕上げる「ぬい込み」の方法です。ぬう手間はかかりますが、きれいに仕上がります。62ページからの寝ころび・小の手順の中で紹介しているのはダーツを切って手芸用接着剤などで頭部にくっつける「貼り込み」の方法です。よりかんたんにできるので、作る際はどちらかやりやすい方法で作ってみてください。

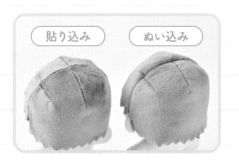

| 貼り込み | ぬい込み |

hair style 01
ショート

Back

前髪	センター長め
横髪	なし
後ろ髪	短め
使った布色	ライトブラウン
作り方	38ページ

hair style 02

ショートパーマ

Back

前髪	斜め
横髪	ショートパーマ
後ろ髪	なし
使った布色	インディゴ
作り方	48ページ

hair style 03

前髪ありオールバック

Back

前髪	オールバック＋毛束
横髪	なし
後ろ髪	長め
使った布色	クリーム
作り方	貼り込み→62ページ
	ぬい込み→94ページ

hair style 04

ベリーショート

Back

前髪	無造作
横髪	ツンツン
後ろ髪	なし
使った布色	レッド
作り方	78ページ

hair style 05

ニュアンスショート

Back

前髪	センター分け
横髪	ニュアンスツンツン
後ろ髪	なし
使った布色	サックス
作り方	79ページ

hair style 06
長めツンツン

Back

前髪	まゆ上
横髪	長めツンツン
後ろ髪	長め無造作
使った布色	ペールグレー
作り方	80ページ

hair style 07
ウルフ

Back

前髪	サイド＆もみあげ長め
横髪	ハネ気味
後ろ髪	ウルフ
使った布色	ゴールデンイエロー
作り方	81ページ

hair style 08
マッシュウルフ

Back

前髪	アシンメトリー
横髪	なし
後ろ髪	襟足あり
使った布色	スカイ　襟足部分：グレー
作り方	82ページ

hair style 09
耳下ボブ

Back

前髪	シースルー
横髪	なし
後ろ髪	耳下ボブ
使った布色	オレンジイエロー
作り方	83ページ

外はねボブ

Back

前髪	アシンメトリー（目隠し）
横髪	なし
後ろ髪	外はねボブ
使った布色	バイオレット
作り方	84ページ

刈り上げ

Back

前髪	インテーク
横髪	なし
後ろ髪	刈り上げ
使った布色	オーカー 刈り上げ部分：ブラック
作り方	85ページ

逆立ち

Back

前髪	生え際
横髪	逆立ち
後ろ髪	なし
使った布色	ダークウォーターグリーン
作り方	86ページ

ロングウェーブ

Back

前髪	サイド長めパッツン
横髪	サイドテール
後ろ髪	ロングウェーブ
使った布色	ミントグリーン
作り方	87ページ

hair style 14

セミロングウェーブ

Back

前髪	長めアシンメトリー
横髪	なし
後ろ髪	セミロングウェーブ
使った布色	ライトピンク
作り方	88ページ

hair style 15

サイドまとめ髪

Back

前髪	真ん中＆横長め
横髪	トップ髪
後ろ髪	サイド髪
使った布色	ワインレッド
作り方	89ページ

hair style 16

クマ耳

Back

前髪・後ろ髪	耳下ボブと同じ
	クマ耳（しっぽつき）
使った布色	コーラルピンク
	耳・しっぽ：カフェオレ
作り方	90ページ

hair style 17

ネコ耳

Back

前髪・横髪	ショートパーマと同じ
	ネコ耳
使った布色	ライトライラック
	耳：カフェオレ
作り方	92ページ

step 4 10種類の洋服から 着せたいものを選ぼう！

1 まずは Tシャツ＋ ズボン or スカートから

最初は基本の Tシャツが作りやす
いです。布は、ほつれにくいナイ
レックスや、100円ショップで売
っているはぎれなどでも OK。色
や柄などを変えて、自由に作って
みましょう。

2 テーマに合わせて 洋服を選ぶ

ジャケットやサロペットなど、連
れていきたい場所や撮りたい写真
のシチュエーションによって、着
せる洋服を変えるのも楽しい！

3 スニーカー、帽子で おしゃれに

スニーカーや帽子などを作って、頭
からつま先までコーディネート！
おでかけが 100倍楽しくなります。

023

ぬいの
イメージが
かたまったら…

手順をカクニン!

〝Start!〟

1 材料・道具を 準備しよう

使う材料や道具を準備します。
手芸店ほか、100円ショップなどで
手に入るもので作れます。

➡26ページ

2 型紙を使って 布を裁断しよう

作りたいものの
型紙を切り出し、
布を正確に
カットします。

➡28ページ

3 表情の刺しゅうを しよう

顔用の布には、
あらかじめ決めた
表情の図案を写し、
刺しゅうを
しておきます。

➡30ページ

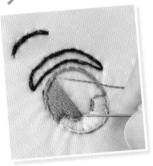

4 ボディ・髪型を 作ろう

PART2〜3を
見ながら、
ボディ・髪型を作成!
上手にできる
ポイントもチェック!

➡38ページ〜

5 洋服を作ろう

PART4の洋服の
作り方を見ながら、
推しにぴったりの
1着を作りましょう。

➡98ページ〜

6 推しぬいの 完成! 〝Goal!〟

写真を撮ったり
おでかけしたり、
楽しみ方は
無限大!

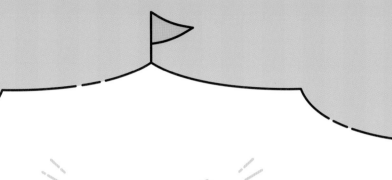

PART 1

ぬい作りの準備

ここからはぬい作りに必要な道具や材料、
型紙の使い方、刺しゅうや
ぬい方の基本について紹介します。

この本で使う道具

まずはぬいを作るための道具を準備しましょう。

必要な道具

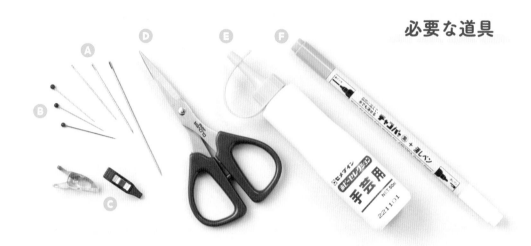

A 手ぬい針・刺しゅう針

手ぬい針はボディ、髪の毛、洋服を作る際に使います。刺しゅう針は表情の刺しゅうをする際に使用する、刺しゅう専用の針です。

B マチ針

マチ針は複数の布を一緒にぬう際に、ずれないようにとめておくための針です。

C 仮どめクリップ

布と布を一緒にぬう際に、とめておくためのクリップです。

D 手芸用はさみ

布に切り込みを入れたり、型紙にそって布を裁断するためのはさみです。

E 手芸用接着剤（手芸のり）

前髪の布や洋服の布を貼り合わせる際に使います。アイロン接着シートを使っても。

F 型紙を布に写すペン

型紙を布に写す際は、チャコペンやあとで熱で消えるペンを用意します。布に書いても目立たない色がおすすめ。

あると便利な道具

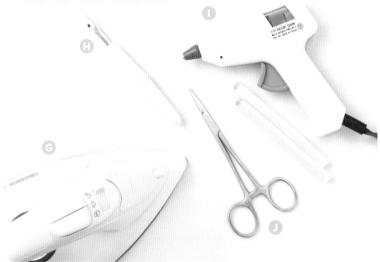

G アイロン

布をぬいしろで折り返す際にアイロンをかけておくときれいに仕上がります。

H リッパー

ぬい目を間違えたときなど、ほどくときに使います。

I グルーガン

特殊な樹脂（グルー）を熱で溶かし、接着ができる道具です。前髪を貼りつける際などに使えます。

J 手芸用鉗子

わたをつめる際に使います。手や足の先までつめるときれいに仕上がります。

この本で使う材料

ボディ・髪の毛・洋服に使用する材料を紹介します。

ボディ・髪の毛・洋服の生地

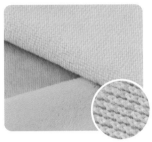

ソフトボア
毛足が長く、ふわふわとしています。ボディや髪の毛の布として使用します。伸びるので、複数枚重ねてぬう際はマチ針などでしっかりととめましょう。

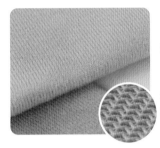

ナイレックス
ソフトボアより毛足が短く、さらっとしているのが特徴。ほつれにくいので端の処理をしなくても使えます。本書では洋服に使います。

洋服に使える
ほかの生地

洋服には手芸店などで手に入るはぎれや、フェルトなどが使えます。レザーやコルクなども使うと、質感などに変化が出せます。

そのほかの材料

手ぬい糸
ボディ・髪の毛・洋服は手ぬい糸を使います。できるだけ布の色に近いものがおすすめ。表情の刺しゅうは刺しゅう糸を使用します。

手芸わた
ボディやネコ耳、クマ耳、しっぽにつめて使います。手芸店・ネットショップのほか、100円ショップでも売られています。

アイロン接着シート
布と布の間に挟み、アイロンの熱で2枚の布を貼り合わせることができるシートです。使い方は28ページを参照してください。

刺しゅうシート
表情を刺しゅうする際に、図案を写して使います。水に溶けるものが便利。使い方は30ページを参照してください。

ぬいぐるみ用ボーン
ぬいの中に入れて安定させたり、手足を動かせるようにしたりするものです。手芸店やネットショップで手に入ります。

薄型面ファスナー
ギザギザのほうをオス、やわらかいほうをメスと呼びます。粘着テープつきのタイプのほうがかんたんで便利です。

布 の準備

作りたいぬいの型紙と布を準備しましょう。

① 型紙を用意する

作りたいぬいが決まったら、ボディ・髪型・洋服の型紙を用意します。重なっている型紙は別の紙に写し取ります。型紙には仕上がり線と断ち切り線があるので、必ず断ち切り線で切り取ります。

型紙の見方

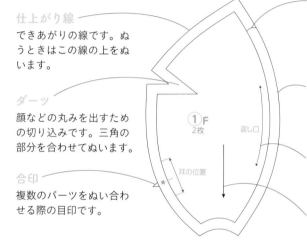

仕上がり線
できあがりの線です。ぬうときはこの線の上をぬいます。

ダーツ
顔などの丸みを出すための切り込みです。三角の部分を合わせてぬいます。

合印
複数のパーツをぬい合わせる際の目印です。

ぬいしろ
仕上がり線より外側に残しておく余分のこと。仮ぬいの際はこの部分の中心をぬうようにします。

断ち切り線
仕上がり線＋ぬいしろをふくんだ、布をカットする位置を示した線です。

返し口
ぬったパーツを表に返すためにあけておく部分を指します。

布の上下を表す矢印
矢印の方向が布の「縦」を表していますので、矢印と布の上下を合わせて型紙を置きます。

「わ」になっている型紙
洋服の型紙のいくつかは左右対称になっている「わ」の型紙です。印があるものは、切り取って布に写したら、裏返して「わ」の点線の位置を合わせ、もう半分も写し取りましょう。

枚数
髪の毛以外の型紙で２枚、４枚とある型紙は、左右それぞれ１枚ずつ、または２枚ずつ用意する、という意味です。髪の毛の型紙で２枚とあり、「ソフトボア２枚を貼り合わせる」となっているものは、ソフトボアを外表に貼り合わせた布（下記参照）に型紙を写すという意味です。

② 髪の毛用の布の準備をする

本書では、後頭部や額以外の髪の毛の型紙で「ソフトボア２枚を貼り合わせる」とあるものは、２枚のソフトボアを外表（布の裏面同士を貼り合わせること）に貼り合わせて使います。こうすることで布の裏が見えてしまうのを防ぎます。

方法①

裏

アイロン接着シート

アイロン接着シートを使う方法です。裁断する前の布を外表に重ね、間にアイロン接着シートを挟み、当て布をしてアイロンで熱し、接着します。

方法②

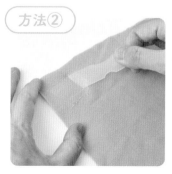

手芸用接着剤を使う方法です。布の裏に接着剤を塗り、もう１枚の布の裏を下にしてくっつけます。アイロンで熱すると早く乾くタイプの接着剤もあります。

③ 型紙を布に写す

布に写す際は、チャコペンやあとで消えるタイプのペンを使いましょう。

1 型紙を断ち切り線で切り取ります。合印の部分も線に沿って正確に切り取ります。何度も使いたいときはあらかじめコピーしておきましょう。

2 型紙の矢印の方向と布の縦を合わせます。生地を引っ張って、よく伸びるのが横です。

3 布を裏にしてその上に型紙を置き、しっかり押さえて型紙の周囲をチャコペンなどでなぞるように線を書きます。前髪など2枚を貼り合わせてから使う箇所の布は、②（28ページ参照）の手順のあとに型紙を写します。

4 写し終わった型紙を仕上がり線で切り取ります。ダーツも切り取ります。

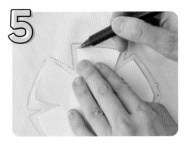

5 3で書いた線の内側5mmの位置に4でカットした型紙を置き、なぞるように線を書きます。ダーツや合印も正確に写しましょう。

④ ボディ・髪の毛用の布を切る

布を裁断する際は、写した線の通りに切り取るのが、かわいく作るポイントです。

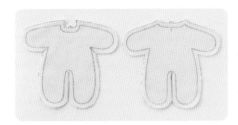

ボディ・髪の毛用の布のみ、断ち切り線（外側の線）で布を切り取ります。合印の部分を切り落とさないように注意しましょう。

《Attention!》

顔用の布は切り取らず、先に表情を刺しゅうします

→ 30ページ

PART 1 ぬい作りの準備

表情を作る

ボディをぬい始める前に顔に表情を刺しゅうします。

顔の刺しゅうの手順

1 刺しゅうシートに図案を写す

刺しゅうシートにまゆ毛・目・口の図案（16、17ページ参照）を写します。図案は作りたいぬいのサイズに合わせて調整しておきましょう。

2 刺しゅうシートを布に貼る

裏に顔の型紙を写した顔用の布の表に、刺しゅうシートを貼ります。位置に注意しましょう。

3 刺しゅう枠に入れる

顔の刺しゅうがしやすいように、刺しゅう枠にはめます。

4 刺しゅうをする

まゆ毛・目・口を刺しゅうします。刺しゅうのしかたやステッチは31〜33ページを参考にしましょう。

5 刺しゅうシートを溶かす

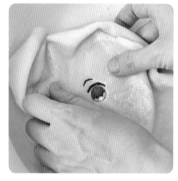

刺しゅうが終わったら、布をぬるま湯につけて刺しゅうシートを溶かします。

6 乾かして裁断する

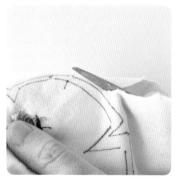

刺しゅうシートが完全に溶けたら、布をドライヤーの低温で乾かし、裁断します。

刺しゅうの基本

刺しゅう糸の使い方、糸始末のしかたを紹介します。

刺しゅう糸の使い方

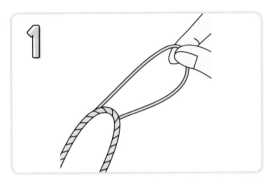

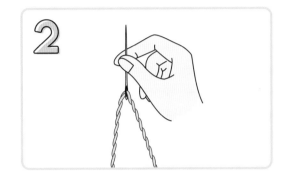

刺しゅう糸は細い糸が6本より合わさった糸です。束から糸端を引っ張り、50〜60cmの長さでカットしたら、1本ずつ引き抜きます。

使う本数（例えば2本取りの場合は2本）を引き抜いたら、端をそろえて刺しゅう針に通します。

糸始末のしかた

▶ ラインを刺すとき（アウトラインステッチ・バックステッチ）

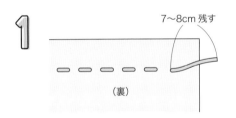

7〜8cm残す

（裏）

刺し始めは、裏側に7〜8cm残しておきます。

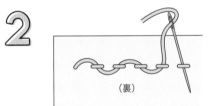

（裏）

刺し終わったら、裏側のぬい目に糸を絡めるように針を何回かくぐらせてから糸を切ります。刺し始めの糸も再度針に通し、刺し終わりと同様にして始末します。

▶ 面を刺すとき（サテンステッチ）

（裏）

刺し始めは、裏側に7〜8cm残しておきます。刺し終わったら裏側でぬい目の糸に針をくぐらせます。

（裏）

戻るように針を折り返してぬい目の糸に針をくぐらせて切ります。刺し始めの糸も針に通し、同様にして始末します。

刺しゅうのステッチ

表情の刺しゅうに使うおもなステッチを3種類紹介します。

アウトラインステッチ

まゆ毛や口、まつ毛などのラインや
目のアウトラインを刺すときに使います。

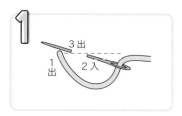

1から針を出し、少し先の2から刺し入れ、2から少し戻った3から針を出します。

少し先から針を入れ、5から出します。

1〜2をくり返します。

バックステッチ

まゆ毛や口、目の輪郭などのラインを刺すときに使います。
アウトラインステッチより細く仕上がります。

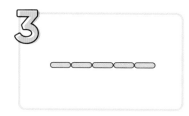

1から針を出し、少し後ろの2から刺し入れ、1で出した位置の少し先の3から出します。

1で出したところと同じ位置から刺し入れ、3の少し先の5から出します。

1〜2をくり返します。

サテンステッチ

目やまつ毛、口の中など面を埋めるときに使います。

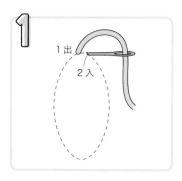

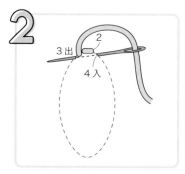

図案の輪郭線に沿って、1で出した位置の真横の2から針を入れます。

すき間なく平行に、図案の中を埋めていきます。

1〜2をくり返します。

表情の刺しゅうのしかた

表情をかわいく仕上げるための、刺しゅうの手順を紹介します。

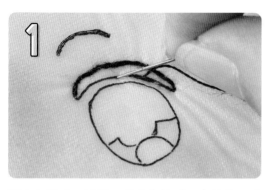

アウトラインステッチまたはバックステッチ
（1本取り）で図案の縁のラインを刺します。

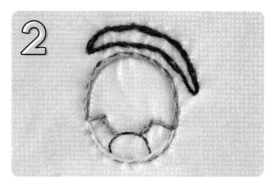

図案の色の通りに、糸の色も変えて図案の縁
を刺しましょう。

ハイライトなど小さいところは、縁取りした
らそのままサテンステッチで埋めておきます。

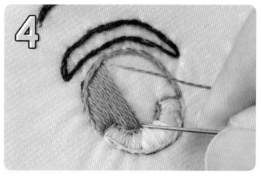

目の中などの広い面をサテンステッチで埋め
ます。アウトラインステッチの糸の内側から
針を出し、反対側のアウトラインステッチの
糸の内側に針を刺します。

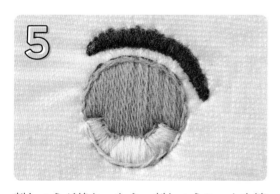

刺しゅうが終わったら、刺しゅうシートを溶
かして乾かし（30ページ参照）、断ち切り線
で布をカットします。

Point!

端から埋めても、中央から
ざっくりと埋めていっても
OKです。

手ぬいの基本

ボディや髪の毛を手ぬいする際の、糸始末やぬい方を紹介します。

糸始末のしかた

玉結び　針に糸を通したら、糸端を結んで糸が抜けないようにします。
これを玉結びといいます。

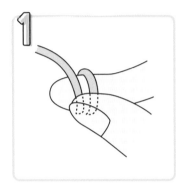

人差し指に糸端を数回巻きつけます。

人差し指と親指をこすり合わせて糸を絡ませ、糸が絡まった部分を指で押さえます。

2〜3mm

糸をそのまま引っ張ると結び目ができます。糸端は2〜3mm残して切ります。

玉どめ　ぬい終わったら糸が抜けないように結んで玉どめをします。
必ず布の裏側でしましょう。

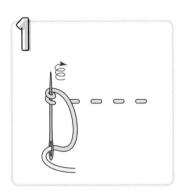

ぬい終わりの位置に針をおき、針に糸を2〜3回巻きつけます。

押さえる

巻きつけた糸をしっかり引き、ぬい目のごく近くに集めます。集めた糸の部分を針を持っていないほうの手の親指で押さえます。

針をそのまま引き抜いて結び目を作ります。糸端は2〜3mm残して切ります。

この本で使うぬい方

本返しぬい

針目の間を開けずにぬうため丈夫に仕上がります。
本書では本ぬいする際は本返しぬいでぬいます。

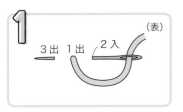

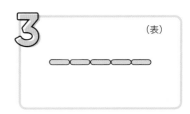

ぬい始めの位置から一目分先の位置で布の裏から表へ針を出します。一目分戻ったところに刺し、ぬい始めより先の、二目分先に針を出します。

1で針を出したところから、一目分戻って刺し、二目分先に針を出します。

1、2をくり返します。

なみぬい

本書では仮ぬいはなみぬいでぬいます。

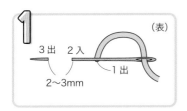

布の裏から針を表に出します。一目分先へ刺し入れ、さらに一目分先へ裏から表に出します。

1をくり返します。

コの字とじ

カタカナの「コ」の字を描くように、表にぬい目が出ないようぬい合わせる方法です。返し口をぬい合わせるのに使います。

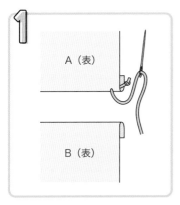
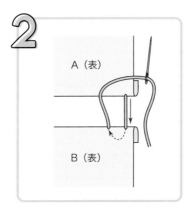
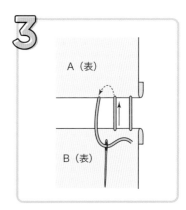

AとBの布をぬい合わせる場合、Aの布の裏から表に針を出します。

1で出した針をまっすぐ下に向かってBの布に刺し、刺したすぐ横から出します。

2で出した位置のまっすぐ上に向かってAの布に刺します。同様にくり返します。

ぬい作りの準備 Q&A

Q 型紙がペラペラで書きにくいです！いい方法はありますか？

A クリアファイルなどに写して
切ってから使うのがおすすめ

型紙をクリアファイルなどに油性ペンで写し、切り取ってから布に写すとやりやすいです。初めのうちはぬいしろがあるものとないもの、2種類用意すると間違えません。一度作ると何度も使えるので、たくさん作りたいときにやってみましょう。

Q 髪の毛の布の貼り合わせは絶対しなくちゃいけないの？

A 前髪の裏などが見えてしまうので
できれば貼り合わせましょう

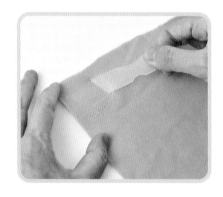

前髪や後ろ髪など、ペラッとめくれる部分は裏が見えてしまうので、そのままでは見栄えが悪いです。またほつれやすくもなるので、後頭部や額以外の髪の毛の布は貼り合わせることをおすすめします。アイロンで急速に接着するタイプの接着剤なら、時間もかからずかんたんです。

Q 布の方向が分かりにくい！

A なでつけてみて
サラッと整うほうが縦

髪の毛の布は、上から下に手のひらでなでつけて毛並みがきれいに整うほうが縦です。型紙を写す際には、触って確認してみるとよいですね。

PART 2

ボディの作り方

ここからは、ボディの作り方を紹介します。PART 3の髪型のページもチェックして、好きな髪型の型紙や布も準備しましょう。

寝ころびは小サイズの作り方を紹介していますが、大サイズも同じ方法です。寝ころび・大の型紙は寝ころび・小の型紙を160％拡大して使います。

15cm、22cmの髪型は「ぬい込み」での作り方です。寝ころび・小はよりかんたんにできる「貼り込み」での作り方です。ほかのサイズの髪型も貼り込みで作ることもできますので、好きなほうを選びましょう。

15cm

髪型 ショート　　**髪色** ライトブラウン

材料

- ♥ ソフトボア
- ♥ 刺しゅう糸
- ♥ 糸
- ♥ 手芸わた
- ♥ アイロン接着シート、または手芸用接着剤

型紙（すべて15cm）

- ★ 顔、耳、後頭部、下あご、体前、体後ろ
- ★ ショート

実物大型紙①

①A〜F、④A・B

布の準備

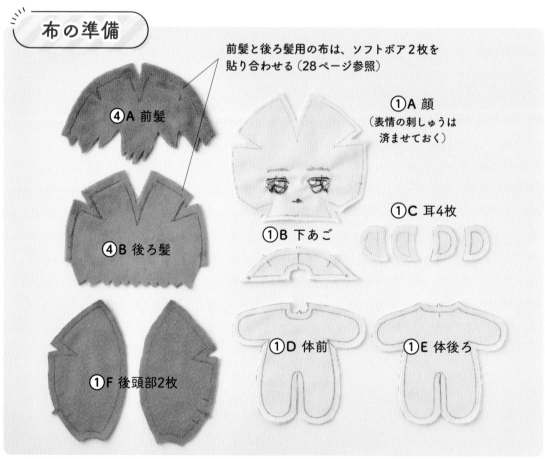

前髪と後ろ髪用の布は、ソフトボア2枚を貼り合わせる（28ページ参照）

④A 前髪

④B 後ろ髪

①F 後頭部2枚

①A 顔（表情の刺しゅうは済ませておく）

①B 下あご

①C 耳4枚

①D 体前

①E 体後ろ

15cmの顔、耳、下あご、後頭部、体前、体後ろと、15cmのショートの型紙を使って布をカットする。後頭部を含む髪の毛の部分は、髪色の布を使う。

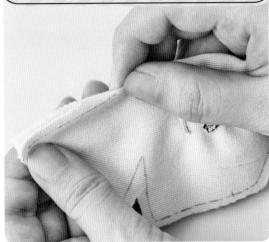

1 ダーツのラインに合わせて布を折る

顔の布の中であらかじめ∨字に切り込みが入っているダーツは、布の端と端を合わせて布を中表に折る。

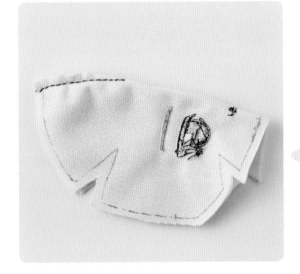

2 ダーツを本返しぬいでぬう

ダーツのラインの上を本返しぬいでぬう。

Point!

ダーツをぬうときは、布端は仕上がり線までぬえばOK。最後はしっかり玉どめしておく。

3 顔のすべてのダーツをぬう

顔のほかのダーツもすべて **2** と同じように、本返しぬいでぬう。

4 髪の毛、後頭部の ダーツをぬう

髪の毛、後頭部のパーツもすべて、顔と同じようにダーツをぬう。

Point!

前髪と後ろ髪は2枚貼り合わせてあるので、ダーツは分厚くなる。ぬいにくいのでひと針ずつゆっくりぬう。

顔に下あごをつける

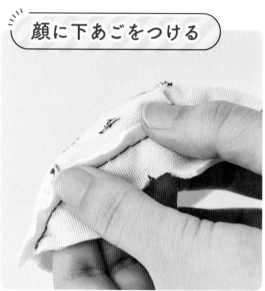

5 顔と下あごを ぬい合わせる

3でダーツを入れた顔と下あごを本返しぬいでぬう。

下あごと体前をつける

6 下あごと体前を ぬい合わせる

下あごと体前を本返しぬいでぬう。

耳を作る

7 耳をぬい合わせる

耳は2枚ずつ中表に合わせて、本返しぬいで
ぬう。2つ作る。

Point!

布の端までぬわず、仕上がり線から仕上が
り線まででOK！

8 耳のぬいしろを
切り落とす

耳のぬいしろを半分くらいの幅に切り落と
す。2つとも同様にする。

Point!

耳は小さいので、こうすることで表に返し
たときにぬいしろが邪魔にならない。

9 耳を返して
わたをつめる

表に返し、わたをしっかりつめる。2つとも
同様にする。

Point!

わたの量が少ないと
耳がきれいに丸くな
らないのでパンパン
につめてよい。

041

耳をつける

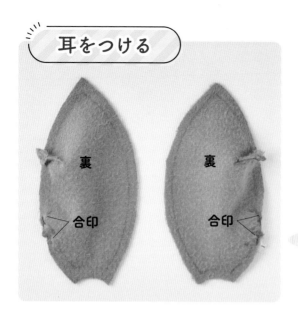

裏 裏
合印 合印

10 耳を仮ぬいする

耳を後頭部の横の合印に合わせて、後頭部の表側につける。仕上がり線よりも外側をなみぬいで仮ぬいする。

Point!

仮ぬいして布の表から見たところ。

後頭部と体後ろを合わせる

返し口

11 後頭部2枚をぬい合わせる

後頭部2枚を中表に合わせて、頭の中心になるほうのみを本返しぬいでぬう。わたを後頭部からつめるので、返し口分はぬわない。

Point!

後頭部2枚を開いたところ。

12 後頭部と体後ろをぬい合わせる

11でぬった後頭部を開き、体後ろと合わせてぬう。

後頭部と後ろ髪を合わせる

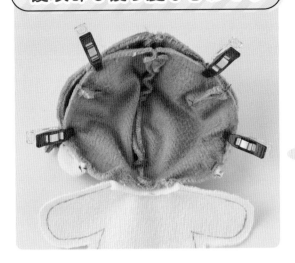

13 後頭部と後ろ髪を 重ねてとめる

12の後頭部と後ろ髪のダーツの位置を合わせながら、仮どめクリップでとめる。

Point!

まず中央のダーツの位置を合わせてクリップでとめ、次に左右をとめるとずれにくい。

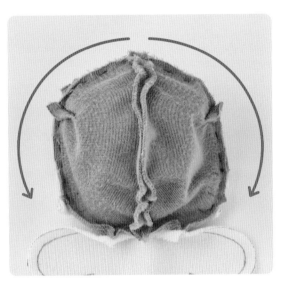

14 後頭部と後ろ髪を 仮ぬいする

仕上がり線と布端の間を中心から左右に向かってなみぬいで仮ぬいする。

顔と前髪を合わせる

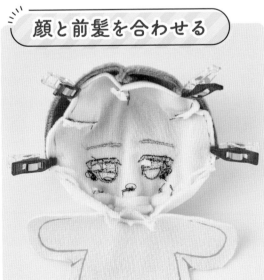

15 顔と前髪を 重ねてとめる

6の顔と前髪のダーツの位置を合わせながら、仮どめクリップでとめる。

Point!

まず中央のダーツの位置を合わせてクリップでとめ、次に左右をとめるとずれにくい。

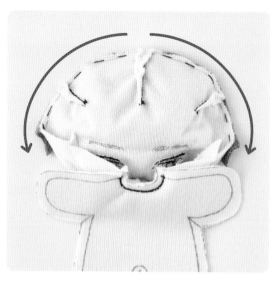

16 顔と前髪を仮ぬいする

仕上がり線と布端の間を中心から左右に向かってなみぬいで仮ぬいする。

体をぬう

17 体パーツ2枚を合わせる

16の体前と14の体後ろを中表に合わせ、首の横から体の周りを一周ぐるりと本返しぬいでぬう。脇の下に、はさみで切り込みを入れる。

Point!

ぬい終わったら、脇の下に切り込みを入れておく。

頭と体を返す

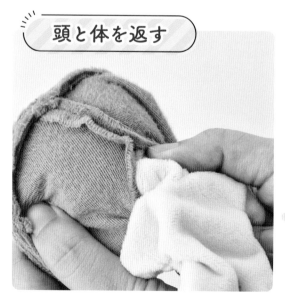

18 頭と体を表に返す

後頭部の返し口から指を入れ、顔と体を表に返す。

Point!

返したところ。手先や足先は指を使って先端までしっかり表に返す。

わたをつめる

19 足・腕に わたをつめる

わたを少しずつとって、足先からつめ始めて両足につめる。同じように手先からつめ始めて両腕につめる。

Point!

足先や手先にわたが入るように、手芸用鉗子でしっかり押し込むとよい。

20 体にわたをつめる

体にもわたをしっかりつめる。

Point!

わたの量が少ないと体にしわが寄るのでパンパンにつめる。

21 頭にわたをつめる

頭にもわたをしっかりつめる。

Point!

わたの量が少ないと顔にしわが寄るので、顔はきれいに丸くなるようにパンパンにつめる。

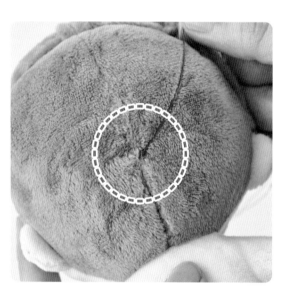

22 コの字とじで ぬい合わせる

後頭部の返し口を、コの字とじでぬい合わせる。

Point!

後ろ髪を前髪側に折り返しておくとやりやすい。

23 ぬい終わりを 玉どめする

コの字とじの最後の部分は、できるだけ際で玉どめをする。まだ糸は切らない。

24 玉どめの近くに 針を刺す

玉どめしたあと、針をそのまま玉どめのすぐ近くに刺し、23のコの字とじから2cm分、下を通して針を出す。糸を切る。

25 後ろ髪をかぶせる

後ろ髪を前髪側からかぶせて、頭頂部付近はダーツに合わせて、わたをつめる。

Point!

わたをつめると頭頂部の後ろ側がふっくらする。

Point!

ダーツのぬい目などは針先で毛先を逆なでるようにして、毛をかき出してあげるとラインが目立たなくなる。

26 できあがり！

わたが寄っているところがないか確認したらできあがり。

体や顔は
もむようにして
形を整えよう！

22cm

髪型 ショートパーマ 髪色 インディゴ

材料

- ♥ ソフトボア
- ♥ 刺しゅう糸
- ♥ 糸
- ♥ 手芸わた
- ♥ アイロン接着シート、または手芸用接着剤
- ♥ ぬいぐるみ用ボーン（好みで）

型紙（すべて22cm）

- ★ 顔、耳、後頭部、下あご、体前、体後ろ、腕、足後ろ、足首、足底
- ★ ショートパーマ

実物大型紙①

②A〜J、⑧A〜C

布の準備

前髪と後ろ髪、横髪用の布は、ソフトボア2枚を貼り合わせる（28ページ参照）

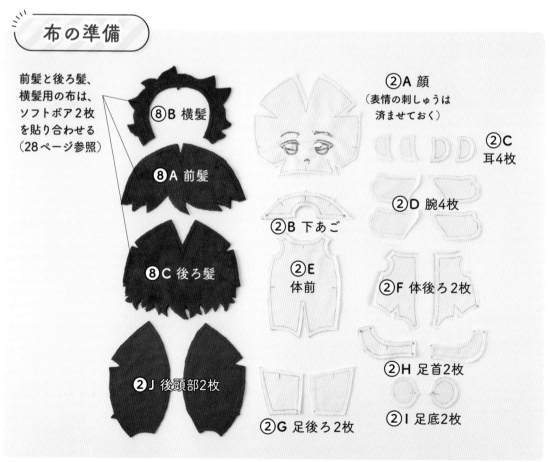

⑧B 横髪

⑧A 前髪

⑧C 後ろ髪

②J 後頭部2枚

②A 顔（表情の刺しゅうは済ませておく）

②C 耳4枚

②B 下あご

②D 腕4枚

②E 体前

②F 体後ろ2枚

②G 足後ろ2枚

②H 足首2枚

②I 足底2枚

22cmの顔、耳、後頭部、下あご、体前、体後ろ、腕、足後ろ、足首、足底と、22cmのショートパーマの型紙を使って布をカットする。後頭部を含む髪の毛の部分は、髪色の布を使う。

ダーツをぬう

1 ダーツをぬう

顔と髪の毛、体後ろ、後頭部のダーツをすべてぬう（39ページ **1**〜40ページ **4** 参照）。

顔に下あごをつける

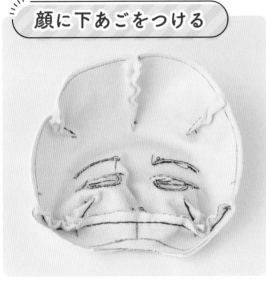

2 顔と下あごをぬい合わせる

1 でダーツを入れた顔と下あごを本返しぬいでぬい合わせる。

耳を作ってつける

3 耳をぬう

耳は2枚ずつ中表に合わせて、本返しぬいでぬう。ぬいしろの幅を半分くらいに切り落とし、表に返してわたをつめる（41ページ **7**〜**9** 参照）。

Point!
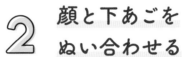
布の端までぬわず、仕上がり線から仕上がり線までで OK！

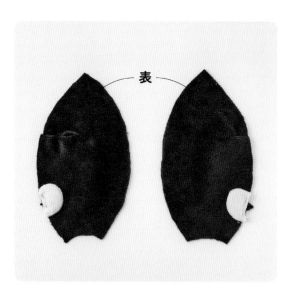

4 後頭部に 耳を仮ぬいする

耳を後頭部の横の合印に合わせて、後頭部の表側につける。仕上がり線よりも外側をなみぬいで仮ぬいする。

後頭部をぬう

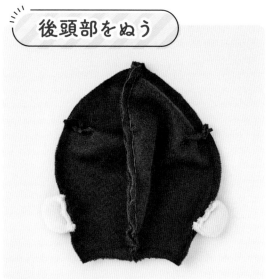

5 後頭部2枚を ぬい合わせる

後頭部2枚を中表に合わせて、頭の中心になるほうのみを本返しぬいでぬう。

体前をぬう

6 体前と腕を ぬい合わせる

体前に腕2枚をそれぞれ本返しぬいでぬう。

Point!

腕は4枚あるので、向き、表裏に注意する。

体後ろをぬう

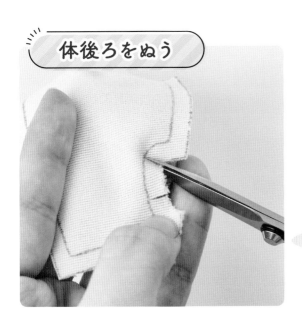

7 体後ろのそでぐりに 切り込みを入れる

体後ろのそでぐりに2～3か所、はさみで切り込みを入れる。

Point!

ミシンでぬう場合は切り込みを入れなくてOK！ 切り込みを入れずに仮どめクリップでとめる。

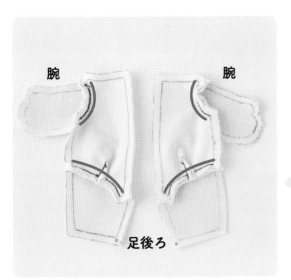

腕　　　　　　腕

足後ろ

8 体後ろと腕、足後ろを ぬい合わせる

体後ろに腕2枚と足後ろ2枚をそれぞれ本返しぬいでぬう。

Point!

腕と足後ろの向きに注意する。ダーツは片側に倒してぬう。

下あごと体前をつける

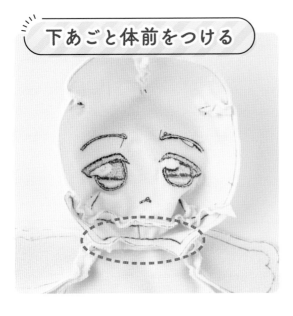

9 下あごと体前をぬい 前髪をつける

下あごと体前を本返しぬいでぬう。顔と前髪を重ねて仮どめクリップでとめ、仮ぬいする（43ページ15、44ページ16参照）。

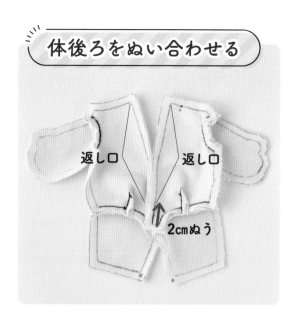

体後ろをぬい合わせる

返し口　　　返し口

2cmぬう

10 体後ろ2枚を ぬい合わせる

8 で腕と足後ろをつけた体後ろ2枚を中表に合わせて、体の中心になるほうを股下から2cmくらいまで本返しぬいでぬう。わたを体後ろからつめるので、返し口分はぬわない。

11 後頭部と体後ろを ぬい合わせる

5 でぬった後頭部と 10 でぬった体後ろを合わせて仮どめクリップでとめて、ぬう。

Point!

ぬったところ。

12 後頭部と後ろ髪を 仮ぬいする

後頭部に後ろ髪を重ねて真ん中とダーツで合わせ、なみぬいで仮ぬいする。

横髪をぬい合わせる

13 横髪に 切り込みを入れる

横髪は、ぬいしろの幅の半分くらいまで数か所に切り込みを入れて、頭の丸いラインに合わせやすくする。

Point!

約1cmの間隔で、仕上がり線の内側3mmくらいまで切り込みを入れる。

14 横髪と後頭部を 仮ぬいする

後頭部と横髪を中表に合わせる。両端を合わせて仮どめクリップでとめ、その間もとめていく。横髪と 12 でぬった後ろ髪・後頭部の仕上がり線の外側を、なみぬいで仮ぬいする。

体をぬう

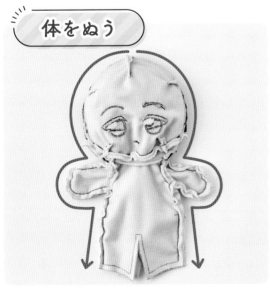

15 体パーツ2枚を 合わせる

9 の体前と 14 の体後ろを中表に合わせ、頭の上から足先まで本返しぬいでぬう。

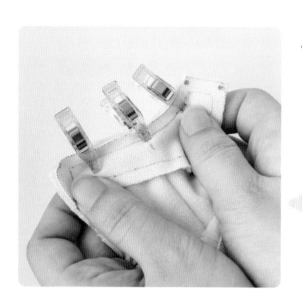

16 体前と足首を重ねてとめる

体前と足首を、合印の位置を合わせながら仮どめクリップでとめる。

Point!

中央から、合印と体のわきのぬい目に合わせてクリップでとめ、次に左右をとめるとずれにくい。

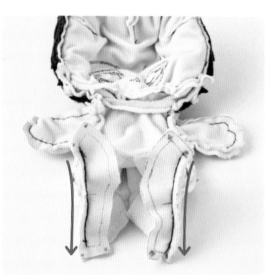

17 体前と足首をぬい合わせる

体前と足首を本返しぬいでぬう。

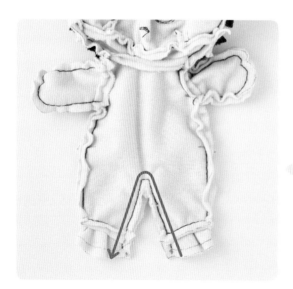

18 股をぬう

前後の股を本返しぬいでぬう。

Point!

体前と体後ろ、足首を合わせ、足先から股、逆側の足先までぬう。

19 足首と足底を重ねてとめる

足首と足底を、合印と足側面のぬい目を合わせながら仮どめクリップでとめる。

20 足首と足底をぬい合わせる

足首と足底を本返しぬいでぬう。

Point!

横から見たところ。

頭と体を返す

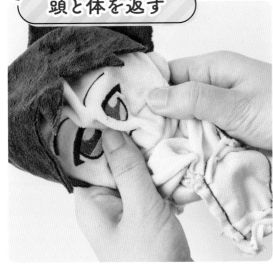

21 頭と体を表に返す

体後ろの返し口から指を入れ、顔と体を表に返す。

Point!

全身を返したところ。手先や足先は指を使って先端までしっかり表に返す。

y

わたをつめる

22 頭にわたをつめる

わたを少しずつとって頭にわたをしっかりつめる。

Point!

わたの量が少ないと顔にしわが寄るので、顔はきれいに丸くなるようにパンパンにつめる。

23 ぬいぐるみ用ボーンを入れる

ぬいぐるみ用ボーンを背中から入れる。

Point!

ボーンを入れない場合は、そのまま**24**へ。

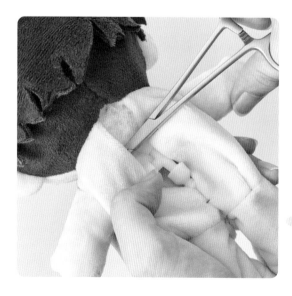

24 足、腕、体にわたをつめる

わたを少しずつとって、足先からつめ始めて両足につめる。同じように両腕につめ、体にもわたをしっかりつめる。

Point!

足先や手先にわたが入るように、手芸用鉗子でしっかり押し込むとよい。わたの量が少ないと体にしわが寄るのでパンパンにつめる。

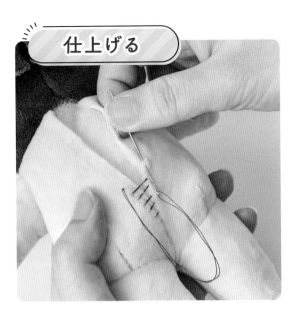

仕上げる

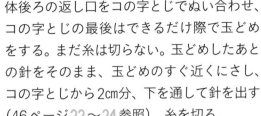

25 コの字とじで ぬい合わせる

体後ろの返し口をコの字とじでぬい合わせ、コの字とじの最後はできるだけ際で玉どめをする。まだ糸は切らない。玉どめしたあとの針をそのまま、玉どめのすぐ近くにさし、コの字とじから2㎝分、下を通して針を出す（46ページ 22〜24 参照）。糸を切る。

26 できあがり！

わたが寄っているところがないか確認したらできあがり。

Point!

ダーツのぬい目などは針先で毛先を逆なでるようにして、毛をかき出してあげるとラインが目立たなくなる。

手先、足先まで
しっかりわたを
つめて♪

ぬいをカスタマイズしてみよう！

表情や髪の毛の布の種類、色を変えるだけで、
オリジナルのぬいができちゃいます！

カスタマイズの
アイデア

髪の毛を
ふわふわに

肌もチークで
ほんのりピンクに

目を
キラキラさせて
キュートに

本書の
22cmのぬいを
カスタマイズ！

作り方の手順を、
こちらのHPから
動画でもチェック
できます！

https://note.com/piy
opicco/n/n81fdf8b40
ecd

手足に
ワンポイントの
刺しゅうを添える

Back

※動画は予告なく内容が変更になったり、
削除になったりする場合があります。

髪の毛をふわふわにしてみよう

本書では髪の毛の布はソフトボアを使用していますが、毛足が長い布を使うことで毛の流れや質感に変化が出て、一段とかわいさがアップします。

1 刺しゅうシートに図案を書き写す

22cm 顔の型紙に直接、「ショートパーマ」の形を参考にした前髪と表情の図案を書き込みます。できたら刺しゅうシートに写します。
★刺しゅうシートは必ず貼らないタイプを使います。

2 髪の型紙を作る

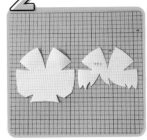

1 で描いた前髪のラインで髪の型紙を切り出します。

3 髪の布の顔部分を切り抜く

顔と髪の型紙を重ねて、髪の毛用の布の裏側に書き写し、顔の部分のみをていねいに切り抜きます。

4 重ねて刺しゅう枠にセットする

顔→髪の毛→刺しゅうシートの順で重ねて挟みます。
★ピッタリ挟めるまで根気よく直します。ズレないように仕上がり線の外を仮ぬいしておくと◎。

5 前髪の仮ぬい、表情の刺しゅうをする

1本取りのアウトラインステッチで、前髪の刺しゅう範囲をぐるりと囲むように一周します。終わったら、表情の刺しゅうをします。

6 前髪をぬいつける

2本取りのサテンステッチで、5 のラインの外側から針を出し、外側に刺すをくり返して刺しゅうしていきます。

7 刺しゅうシートを取り外す

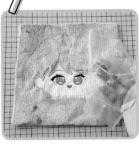

刺しゅうを傷つけないように注意しながらていねいに刺しゅうシートを取り外します。細かい部分はピンセットで取り除きましょう。
★ファーの風合いが変わることが多いのでシートは溶かさないほうがおすすめです。

8 型紙を写し、裁断する

刺しゅうをし終えた顔の布の裏に顔の型紙を写し、裁断します。このあとは22cm のボディと同様に作ります。ただし顔の布に前髪がついている状態なので、51ページ 9 の前髪を仮ぬいする工程は省きます。

表情をもっとかわいくしてみよう

P16、17で紹介している表情パターンを少し変化させると、
表情がガラッと変わります。

Point 1
目の色を
変えてみる

パステル系やくすみカラーの色の糸を組み合わせると、うるうるで印象的な目に。茶色やグレーなども使ってみましょう。

Point 2
目の図案を
アレンジする

元の図案にまつ毛や下まつ毛を足すと、キュートさが大爆発！ 目の横幅を少しつぶすようにアレンジするとGOOD！

Point 3
まゆ毛・目・口の
位置を変えてみる

目とまゆ毛の幅を縮めたり、口を少し上げたりすると、パーツがぎゅっと集まって、よりかわいい印象がアップします。

右上のぬいには
この図案を
使ったよ！

手足に刺しゅうをしてみよう

手足にオリジナルの刺しゅうをするとチラッとのぞいてとってもキュート！
布をカットする前に刺しゅうをしておきましょう。

手足の刺しゅう図案

手足に刺しゅうをするとかわいい。色はいっしょでも、手と足で変えても◎。体にハートや花柄を入れてもキュート。

寝ころび・小

（寝ころび・大も作り方は同じ）

髪型 前髪ありオールバック　**髪色** クリーム

材料

- ♥ ソフトボア
- ♥ 刺しゅう糸
- ♥ 糸
- ♥ 手芸わた
- ♥ アイロン接着シート、または手芸用接着剤

♥ **洗濯ばさみ**
（小：約10cm、大：約15cm）
※洗濯ばさみは
　入れなくてもOK！

型紙（すべて寝ころび・小）

- ★ 顔、耳、後頭部、下あご、体前、体後ろ、腕、足
- ★ 前髪ありオールバック

寝ころび・大は寝ころび・小の型紙を160%拡大して使います。

実物大型紙①

③A〜H、⑫A〜C

「寝ころび・小」の髪は「貼り込み」の方法で紹介します。前髪ありオールバックの「ぬい込み」の作り方は94ページ参照。

布の準備

前髪と後ろ髪、毛束用の布はソフトボア2枚で貼り合わせる（28ページ参照）。「ぬい込み」ではなく「貼り込み」なので、仕上がり線でカットする。

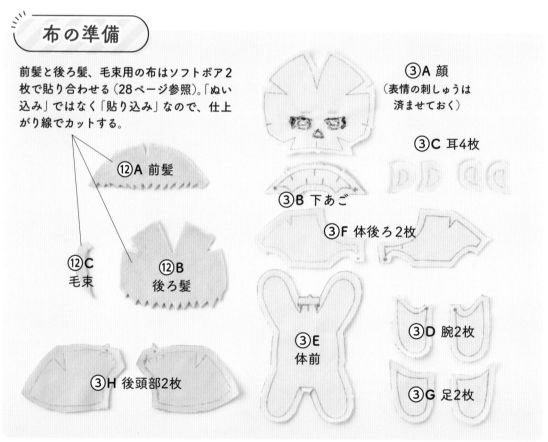

⑫A 前髪

⑫C 毛束

⑫B 後ろ髪

③H 後頭部2枚

③A 顔
（表情の刺しゅうは済ませておく）

③C 耳4枚

③B 下あご

③F 体後ろ2枚

③E 体前

③D 腕2枚

③G 足2枚

寝ころび・小の顔、耳、後頭部、下あご、体前、体後ろ、腕、足と、寝ころび・小の前髪ありオールバックの型紙を使って布をカットする。後頭部を含む髪の毛の部分は、髪色の布を使う。B 後ろ髪とC 毛束の型紙は重なっているので、コピーするか別の紙に写し取ってから使う。

ダーツをぬう

1 ダーツをぬう

顔と体後ろ、後頭部のダーツをすべてぬう
（39ページ **1** 〜40ページ **4** 参照）。

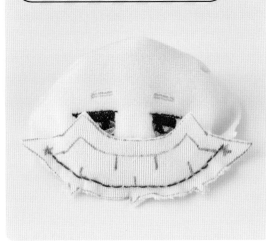

顔に下あごをつける

2 顔と下あごを ぬい合わせる

1 でダーツを入れた顔と下あごを本返しぬ
いでぬう。

下あごと体前をつける

3 下あごと体前を ぬい合わせる

下あごと体前を本返しぬいでぬう。

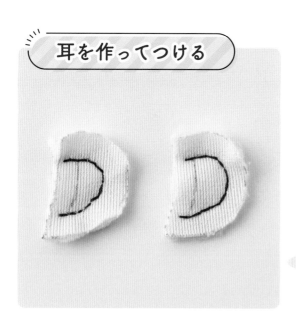

4 耳をぬう

耳は2枚ずつ中表に合わせて、本返しぬいでぬう。ぬいしろの幅を半分くらいに切り落とし、表に返してわたをしっかりつめる（41ページ7〜9参照）。

Point!
布の端までぬわず、仕上がり線から仕上がり線まででOK！

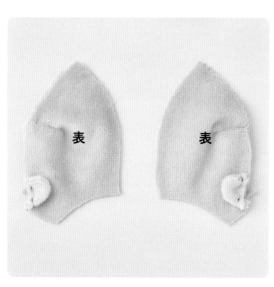

5 後頭部に 耳をぬい合わせる

耳を後頭部の横の合印に合わせて、後頭部の表側につける。仕上がり線よりも外側をなみぬいで仮ぬいする（42ページ10参照）。

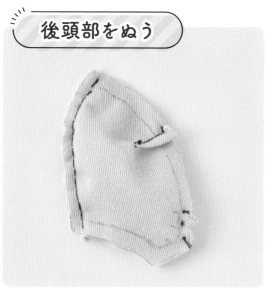

6 後頭部2枚を ぬい合わせる

5の後頭部2枚を中表に合わせて、頭の中心になるほうのみを本返しぬいでぬう。

Point!

後頭部2枚を開いたところ。

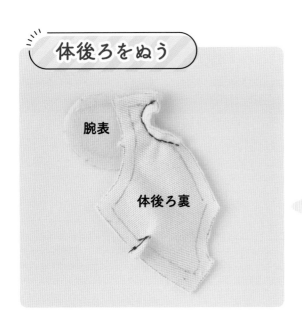

体後ろをぬう

腕表

体後ろ裏

7 体後ろと腕を ぬい合わせる

腕1枚と体後ろを中表に合わせて、本返しぬいでぬう。反対側も同様にぬう。

Point!

合印をしっかり合わせる。

足裏

8 体後ろと足を ぬい合わせる

足1枚と 7 の体後ろ1枚を中表に合わせて、本返しぬいでぬう。反対側も同様にぬう。

9 体後ろ2枚をぬう

7、8 で腕と足をつけた体後ろ2枚を中表に合わせて、本返しぬいでぬう。

Point!

ダーツは片側に倒してぬう。

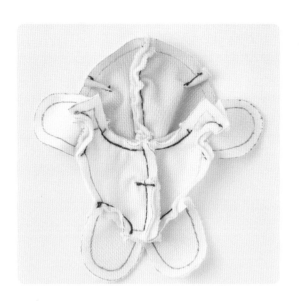

10 後頭部と体後ろを ぬい合わせる

6でぬった後頭部を開き、9の体後ろと合わせてぬう。

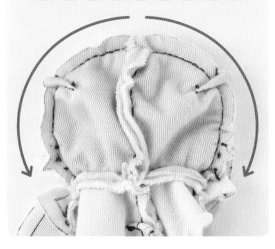

後頭部と顔を合わせる

11 後頭部と顔を 重ねてぬう

10の後頭部と3の顔のダーツの位置を合わせながら、本返しぬいで中央から後頭部の左右に向かってぬう。

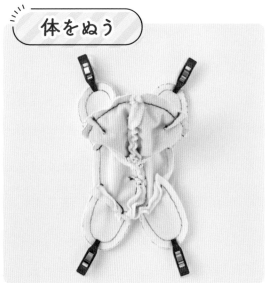

体をぬう

12 前と後ろをとめる

3の体前と11の体の後ろを合わせて仮どめクリップでとめる。

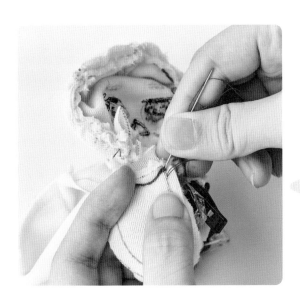

13 前と後ろを合わせてぬう

体前と腕のつけ根から本返しぬいでぬう。

Point!

写真はぬい始めの後ろ側。

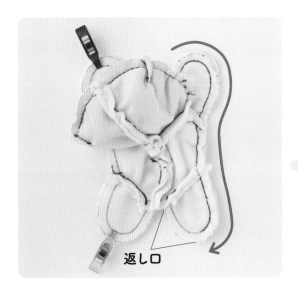

返し口

14 前と後ろをぬい合わせる

足の返し口までぐるりとぬう。

Point!

全身をぬうのではなく、返し口まで半身をぬう。

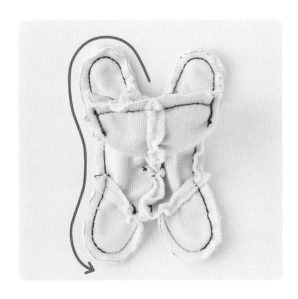

15 反対側の前と後ろをぬい合わせる

13、14と同じようにして、体の前と後ろを本返しぬいでぬう。

16 体前と下あごをぬう

体前と下あごを本返しぬいでぬう。

Point!

ぬい合わせるのは、型紙の赤線の部分。

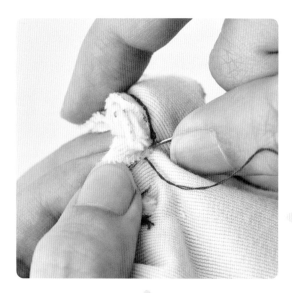

17 体前と体後ろをぬう

体前と体後ろを合印を合わせて、本返しぬいでぬう。写真はぬい始め。

Point!

ぬい合わせるのは、型紙の赤線の部分。

一方をぬったところ。

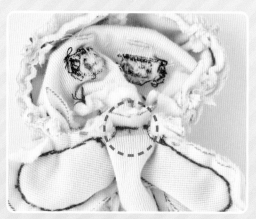

もう一方もぬったところ。

18 下あごと
体後ろをぬう

下あごと体後ろを、本返しぬいでぬい合わせる。

Point!

ぬい合わせたところ。

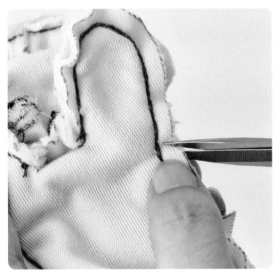

19 脇に切り込みを
入れる

脇の下にはさみで切り込みを入れる。

Point!

切り込みは、ぬい目の1〜2mm外側まで。ぬい目を切らないように注意。

体を返す

20 頭と体を表に返す

足の部分から指を入れ、顔と体を表に返す（44ページ**18**参照）。

Point!

手先や足先は、針（または手芸用鉗子）を使って先端までしっかり表に返す。

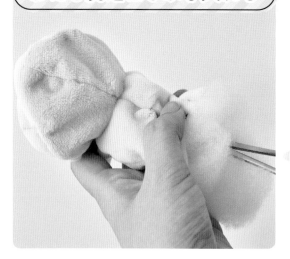

21 頭にわたをつめる

わたを少しずつとって、頭からつめ始める。

Point!

わたの量が少ないと顔がきれいに丸くならないのでパンパンにつめるとよい。

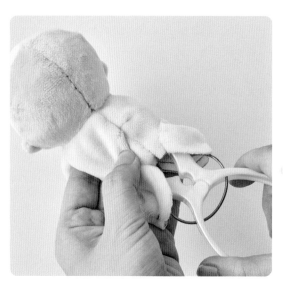

22 洗濯ばさみを入れる

洗濯ばさみを腕と足に開きながら入れる。

Point!

洗濯ばさみの先端をそれぞれの腕にさし込む。

洗濯ばさみを入れないときは…

洗濯ばさみを入れずにわただけをつめてもかわいいです。洗濯ばさみを入れないときは、上の 21 で頭にわたをつめたあと、腕、体の順にわたをつめます。腕はしっかり手先までわたをつめましょう。体までつめたら、72 ページ 25 以降と同じように仕上げます。

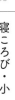
23 腕にわたをつめる

腕と洗濯ばさみのすき間に、わたをしっかり
つめる。

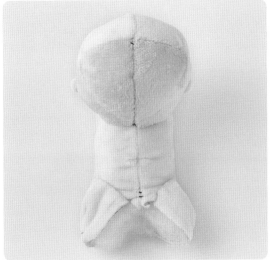

24 体にわたをつめる

体と洗濯ばさみのすき間に、わたをしっかり
つめる。

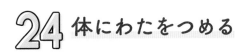

Point!

洗濯ばさみの上下に、わたをつめるとよい。

洗濯ばさみを入れると

足を手で
はさむと…

こんな風に
腕が開くよ!

ギュッ

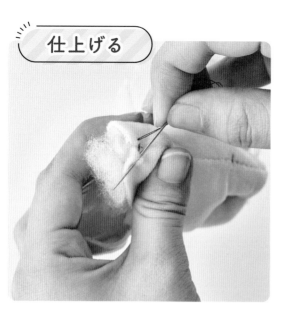

25 足をコの字とじで ぬい合わせる

一方の足にしっかりわたをつめ、体前の返し口をコの字とじでぬい合わせる。

26 一方の足をコの字 とじでぬい合わせる

足先から股までぬい合わせる。糸はまだ切らない。

Point!

ぬいながら、足のわたの量を確認し、しっかりつめる。

27 わたをつめる

もう一方の足にしっかりわたをつめる。体前の返し口（股から足先まで）をコの字とじでぬい合わせる。

Point!

ぬいながら、足のわたの量を確認し、しっかりつめる。

28 コの字とじで ぬい合わせる

コの字とじの最後は、できるだけ際で玉どめをする。玉どめしたあとの針をそのまま、玉どめのすぐ近くに刺し、コの字とじから2cm分、下に通して針を出す（46ページ23、24参照）。糸を切る。

髪の毛を貼る

29 髪の毛の位置を 決める

切り落としたダーツ部分をぴったり合わせるようにして前髪、後ろ髪をつける位置に置き、マチ針を刺す。

貼る前にマチ針でとめて確認することで、前髪と後ろ髪がきれいにそろうよう位置を調整できる。

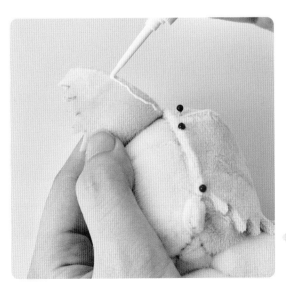

30 髪の毛を 接着剤で貼る

髪の毛に手芸用接着剤をつけてマチ針で仮どめしていた前髪を貼る。同じように、後頭部に後ろ髪を貼る。

接着剤は全面につけても端だけにつけてもよい。使用する接着剤やさわり心地などのお好みで。

31 毛束をつける

毛束を額の好きな位置に置き、マチ針を刺す。額に手芸用接着剤をつけてマチ針で仮どめしていた毛束を貼る。

Point!

この髪型は毛束がどこにくるかで印象が変わるので、好みの位置を探そう。接着剤がはみ出さないように、つけ過ぎに注意！

32 できあがり！

わたが寄っているところがないか確認したらできあがり。

Point!

ダーツのぬい目などは針先で毛先を逆なでるようにして、毛をかき出してあげるとラインが目立たなくなる。

寝ころび・大

しっぽのつけ方

長めのしっぽは後ろ姿をよりキュートにしてくれます！
ゴムでつけるので装着自在です。

材料

- ♥ ソフトボア
- ♥ 糸
- ♥ 手芸わた
- ♥ ヘアゴム
  ※ウエストよりもやや長く切り、両端を縛っておく。

型紙

- ★ ネコしっぽ

実物大型紙②

⑤②～⑤④Bのうち作りたいサイズ

布の準備

ネコしっぽの型紙を使い、生地をカットする。

1

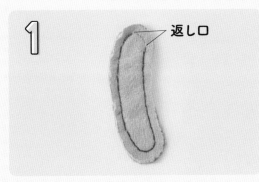

返し口

2枚を中表に合わせて、返し口を開けて本返しぬいでぬう。表に返す。

2

返し口からわたをしっかりつめる。しっぽの先から手芸用鉗子でつめていく。

3

返し口をコの字とじでぬい合わせ、コの字とじの最後はできるだけ際で玉どめをする。ゴムの縛ったところを、玉どめの近くにぬいつける。

＼できた！／

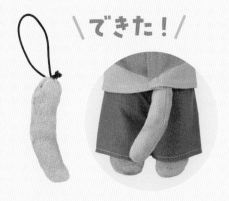

しっぽをつけるときは、洋服にしっぽ用の穴を開けても！

ボディの作り方 Q&A

Q 型紙を書き写したペンの跡は
どうやって消す？

A 熱で消えるペンを使えば
あとで熱で消すことができます

細めの熱で消えるペンであれば、できあがったあとにドライヤーを当てると熱でペンの跡を消すことができます。もちろん目立たない色のチャコペンなどを使っても OK です。

Q 洗濯ばさみのサイズが
ぴったりのものがありません

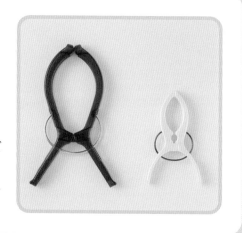

A 洗濯ばさみのサイズに合わせて
型紙を拡大、縮小してみましょう

この本で使用している洗濯ばさみは、小サイズ10cm、大サイズ15cmです。入れたい洗濯ばさみの大きさに合わせて型紙を拡大、縮小などして使いましょう。

Q ミシンでもぬえますか？

A 手ぬいでもミシンでもぬえます！

この本で紹介しているものはすべて、手ぬいでもミシンでもぬうことができます。ただし、横髪や前髪など、髪の毛の布が何枚も重なっているところはミシンではぬいにくいため、手ぬいがおすすめです。寝ころび・小も小さいため、手ぬいのほうがぬいやすいでしょう。

PART 3

髪型の作り方

ここでは髪型の作り方は、すべて「ぬい込み」の方法で紹介します。15㎝の型紙を使っていますが、22㎝も同じ方法で作れます。

寝ころび・小、寝ころび・大は PART 2 の寝ころび・小で紹介している「貼り込み」の方法がおすすめです。

15㎝、22㎝は顔の前部分（顔と下あご）までぬったら、体の前部分とぬい合わせます。顔の後ろ部分（後頭部）は、体の後ろ部分とぬい合わせましょう。

ベリーショート

髪色 レッド

材料

- ♥ ソフトボア
- ♥ 刺しゅう糸
- ♥ 糸
- ♥ 手芸わた
- ♥ アイロン接着シート、または手芸用接着剤

型紙

- ★ ベリーショート

実物大型紙①

- ⑬ A・B、ボディ（15cmの型紙すべて）

布の準備

⑬A 前髪　⑬B 横髪　顔　下あご　後頭部2枚　耳4枚

型紙を使って布をカットする。後頭部は髪色のソフトボア、前髪と横髪は髪色のソフトボア2枚を貼り合わせる。

1

すべてのパーツのダーツをぬい、顔と下あごをぬい合わせる（39ページ**1**〜40ページ**5**参照）。
★ここまでできたらボディの体前とぬい合わせる。顔と前髪を仮ぬいする（44ページ**16**参照）。

2

耳を作り、後頭部とぬい合わせる（41ページ**7**〜42ページ**11**参照）。★ここまでできたら後頭部とボディの体後ろをぬい合わせる。横髪に切り込みを入れ、後頭部とぬい合わせる（52ページ**12**〜53ページ**14**参照）。顔（体前）と後頭部（体後ろ）を中表にしてぬい合わせる。

3

★ここまでできたら頭と体を表に返す。わたをつめ、形を整えて仕上げる（44ページ**18**〜47ページ参照）。

ニュアンスショート

髪色 サックス

材料

- ♥ ソフトボア
- ♥ 刺しゅう糸
- ♥ 糸
- ♥ 手芸わた
- ♥ アイロン接着シート、または手芸用接着剤

型紙

- ★ ニュアンスショート

実物大型紙①

⑯A〜C、ボディ（15cmの型紙すべて）

布の準備

⑯A 前髪　⑯B 横髪
⑯C 毛束
後頭部2枚　顔　下あご　耳4枚

型紙を使って布をカットする。後頭部は髪色のソフトボア、前髪と横髪、毛束は髪色のソフトボア2枚を貼り合わせる。

1

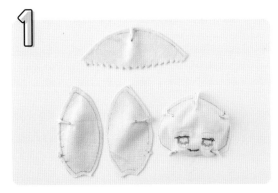

すべてのパーツのダーツをぬい、顔と下あごをぬい合わせる（39ページ **1**〜40ページ **5** 参照）。
★ここまでできたらボディの体前とぬい合わせる。顔と前髪を仮ぬいする（44ページ**16**参照）。

2

耳を作り、後頭部とぬい合わせる（41ページ **7**〜42ページ**11**参照）。★ここまでできたら後頭部とボディの体後ろをぬい合わせる。横髪に切り込みを入れ、後頭部とぬい合わせる（52ページ**12**〜53ページ**14**参照）。顔（体前）と後頭部（体後ろ）を中表にしてぬい合わせる。

3

★ここまでできたら頭と体を表に返す。わたをつめ、形を整えて仕上げる（44ページ**18**〜47ページ参照）。毛束を前髪に手芸用接着剤で貼る（74ページ**31**参照）。

長めツンツン

髪色 ペールグレー

材料

- ♥ ソフトボア ♥ 刺しゅう糸
- ♥ 糸   ♥ 手芸わた
- ♥ アイロン接着シート、
   または手芸用接着剤

型紙

★ 長めツンツン

実物大型紙①

⑲A〜C、ボディ
（15cmの型紙すべて）

布の準備

⑲C 後ろ髪　⑲B 横髪　⑲A 前髪

後頭部2枚　顔　下あご　耳4枚

型紙を使って布をカットする。後頭部は髪色の
ソフトボア、前髪と後ろ髪、横髪は髪色のソフ
トボア2枚を貼り合わせる。

1

すべてのパーツのダーツをぬい、顔と下あごを
ぬい合わせる（39ページ **1**〜40ページ **5** 参照）。
★ここまでできたらボディの体前とぬい合わせる。
顔と前髪を仮ぬいする（44ページ**16**参照）。

2

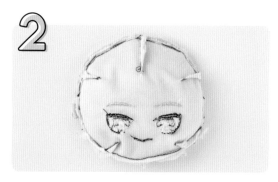

耳を作り、後頭部とぬい合わせる（41ページ**7**
〜42ページ**11**参照）。★ここまでできたら後頭部
とボディの体後ろをぬい合わせる。後頭部と後ろ
髪を仮ぬいし、横髪に切り込みを入れ、後頭部
とぬい合わせる（52ページ**12**〜53ページ**14**参
照）。顔（体前）と後頭部（体後ろ）を中表にして
ぬい合わせる。

3

★ここまでできたら頭と体を表に返す。わたをつ
め、形を整えて仕上げる（44ページ**18**〜47ペー
ジ参照）。

ウルフ

髪色 ゴールデンイエロー

材料
- ♥ ソフトボア
- ♥ 糸
- ♥ アイロン接着シート、または手芸用接着剤
- ♥ 刺しゅう糸
- ♥ 手芸わた

型紙
- ★ ウルフ

実物大型紙①
- ㉒A〜C、ボディ（15cmの型紙すべて）

PART 3

布の準備

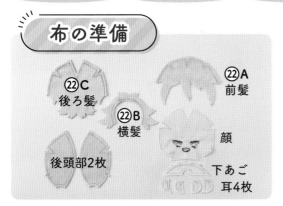

㉒C 後ろ髪
㉒B 横髪
㉒A 前髪
後頭部2枚
顔
下あご
耳4枚

型紙を使って布をカットする。後頭部は髪色のソフトボア、前髪と後ろ髪、横髪は髪色のソフトボア2枚を貼り合わせる。

1

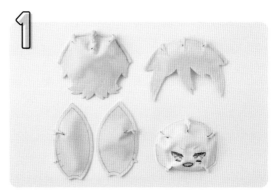

すべてのパーツのダーツをぬい、顔と下あごをぬい合わせる（39ページ1〜40ページ5参照）。★ここまでできたらボディの体前とぬい合わせる。顔と前髪を仮ぬいする（44ページ16参照）。

2

耳を作り、後頭部とぬい合わせる（41ページ7〜42ページ11参照）。★ここまでできたら後頭部とボディの体後ろをぬい合わせる。後頭部と後ろ髪を仮ぬいし、横髪に切り込みを入れ、後頭部とぬい合わせる（52ページ12〜53ページ14参照）。顔（体前）と後頭部（体後ろ）を中表にしてぬい合わせる。

3

★ここまでできたら頭と体を表に返す。わたをつめ、形を整えて仕上げる（44ページ18〜47ページ参照）。

マッシュウルフ

髪色 後ろ髪：スカイ
襟足：グレー

材料
- ♥ ソフトボア
- ♥ 刺しゅう糸
- ♥ 糸
- ♥ 手芸わた
- ♥ アイロン接着シート、または手芸用接着剤

型紙
- ★ マッシュウルフ

実物大型紙①②
㉕A〜C、ボディ
（15cmの型紙すべて）

布の準備

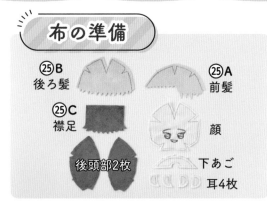

㉕B 後ろ髪　㉕A 前髪
㉕C 襟足　　顔
後頭部2枚　下あご　耳4枚

型紙を使って布をカットする。後頭部は髪色（グレー）のソフトボア、前髪と後ろ髪は髪色（スカイ）のソフトボア2枚を、襟足は髪色（グレー）のソフトボア2枚を貼り合わせる。

1

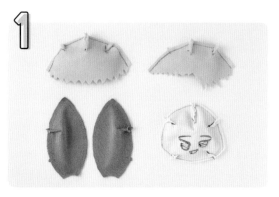

すべてのパーツのダーツをぬい、顔と下あごをぬい合わせる（39ページ1〜40ページ5参照）。★ここまでできたらボディの体前とぬい合わせる。顔と前髪を仮ぬいする（44ページ16参照）。

2

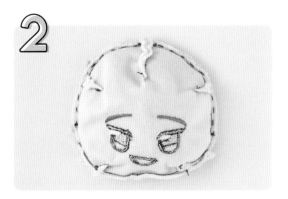

耳を作り、後頭部とぬい合わせる（41ページ7〜42ページ11参照）。★ここまでできたら後頭部とボディの体後ろをぬい合わせる。後頭部と後ろ髪を仮ぬいする（52ページ12参照）。顔（体前）と後頭部（体後ろ）を中表にしてぬい合わせる。

3

★ここまでできたら頭と体を表に返す。わたをつめ、形を整えて仕上げる（44ページ18〜47ページ参照）。襟足を後頭部に張り合わせる（74ページ31参照）。

耳下ボブ

髪色 オレンジイエロー

材料
- ♥ ソフトボア
- ♥ 糸
- ♥ 刺しゅう糸
- ♥ 手芸わた
- ♥ アイロン接着シート、または手芸用接着剤

型紙
- ★ 耳下ボブ

実物大型紙①②
- 28 A・B、ボディ（15cmの型紙すべて）

布の準備

28 B 後ろ髪
28 A 前髪
後頭部2枚
顔
下あご
耳4枚

型紙を使って布をカットする。後頭部は髪色の
ソフトボア、前髪と後ろ髪は髪色のソフトボア
2枚を貼り合わせる。

1

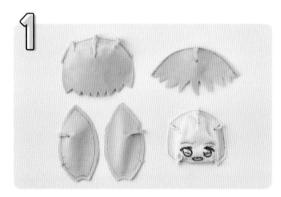

すべてのパーツのダーツをぬい、顔と下あごを
ぬい合わせる（39ページ **1** 〜40ページ **5** 参照）。
★ここまでできたらボディの体前とぬい合わせる。
顔と前髪を仮ぬいする（44ページ **16** 参照）。

2

耳を作り、後頭部とぬい合わせる（41ページ **7**
〜42ページ **11** 参照）。★ここまでできたら後頭部
とボディの体後ろをぬい合わせる。後頭部と後ろ
髪を仮ぬいする（52ページ **12** 参照）。顔（体前）
と後頭部（体後ろ）を中表にしてぬい合わせる。

3

★ここまでできたら頭と体を表に返す。わたをつ
め、形を整えて仕上げる（44ページ **18** 〜47ペー
ジ参照）。

外はねボブ

髪色 **バイオレット**

材料

- ♥ ソフトボア
- ♥ 刺しゅう糸
- ♥ 糸
- ♥ 手芸わた
- ♥ アイロン接着シート、または手芸用接着剤

型紙

- ★ 外はねボブ

実物大型紙①②

㉛ A・B、ボディ
（15cmの型紙すべて）

布の準備

㉛B 後ろ髪
㉛A 前髪
後頭部2枚
顔
下あご
耳4枚

型紙を使って布をカットする。後頭部は髪色のソフトボア、前髪と後ろ髪は髪色のソフトボア2枚を貼り合わせる。

1

すべてのパーツのダーツをぬい、顔と下あごをぬい合わせる（39ページ **1**〜40ページ **5**参照）。
★ここまでできたらボディの体前とぬい合わせる。顔と前髪を仮ぬいする（44ページ**16**参照）。

2

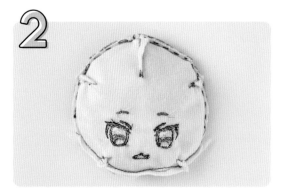

耳を作り、後頭部とぬい合わせる（41ページ**7**〜42ページ**11**参照）。★ここまでできたら後頭部とボディの体後ろをぬい合わせる。後頭部と後ろ髪を仮ぬいする（52ページ**12**参照）。顔（体前）と後頭部（体後ろ）を中表にしてぬい合わせる。

3

★ここまでできたら頭と体を表に返す。わたをつめ、形を整えて仕上げる（44ページ**18**〜47ページ参照）。

刈り上げ

髪色 後ろ髪：オーカー
後頭部：ブラック

材料
♥ ソフトボア ♥ 刺しゅう糸
♥ 糸 ♥ 手芸わた
♥ アイロン接着シート、
または手芸用接着剤

型紙
★ 刈り上げ

実物大型紙①②
㉞A〜C、ボディ
（15cmの型紙すべて）

布の準備

型紙を使って布をカットする。後頭部は髪色（ブラック）のソフトボア、前髪と後ろ髪、毛束は髪色（オーカー）のソフトボア2枚を貼り合わせる。

1

すべてのパーツのダーツをぬい、顔と下あごをぬい合わせる（39ページ**1**〜40ページ**5**参照）。
★ここまでできたらボディの体前とぬい合わせる。顔と前髪を仮ぬいする（44ページ**16**参照）。

2

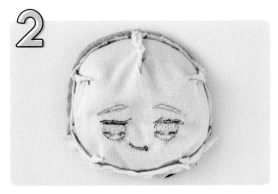

耳を作り、後頭部とぬい合わせる（41ページ**7**〜42ページ**11**参照）。★ここまでできたら後頭部とボディの体後ろをぬい合わせる。後頭部と後ろ髪を仮ぬいする（52ページ**12**参照）。顔（体前）と後頭部（体後ろ）を中表にしてぬい合わせる。

3

★ここまでできたら頭と体を表に返す。わたをつめ、形を整えて仕上げる（44ページ**18**〜47ページ参照）。毛束を前髪に手芸用接着剤で貼る（74ページ**31**参照）。

逆立ち

髪色 ダークウォーターグリーン

材料

- ソフトボア
- 刺しゅう糸
- 糸
- 手芸わた
- アイロン接着シート、または手芸用接着剤

型紙

★逆立ち

実物大型紙①②

㊲A・B、ボディ（15cmの型紙すべて）

布の準備

型紙を使って布をカットする。後頭部は髪色のソフトボア、前髪と横髪は髪色のソフトボア2枚を貼り合わせる。

1

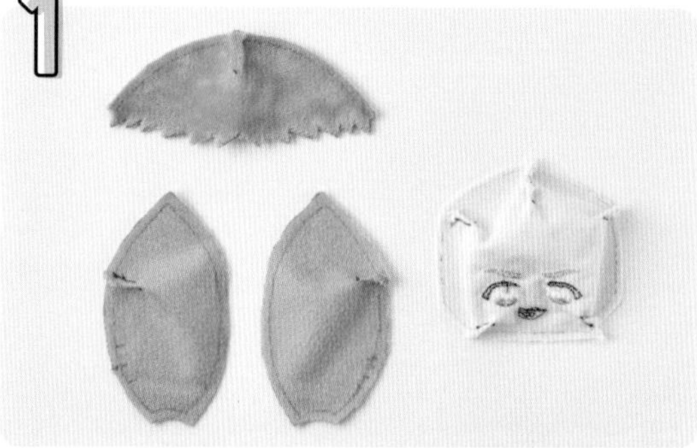

すべてのパーツのダーツをぬい、顔と下あごをぬい合わせる（39ページ**1**～40ページ**5**参照）。**★ここまでできたらボディの体前とぬい合わせる。**顔と前髪を仮ぬいする（44ページ**16**参照）。

2

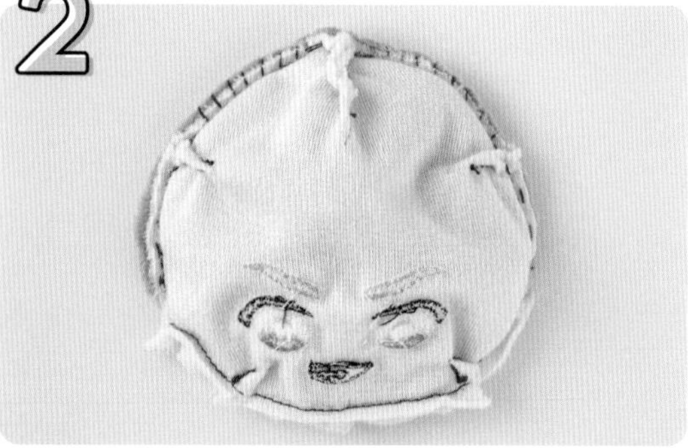

耳を作り、後頭部とぬい合わせる（41ページ**7**～42ページ**11**参照）。**★ここまでできたら後頭部とボディの体後ろをぬい合わせる。**横髪に切り込みを入れ、後頭部とぬい合わせる（52ページ**12**～53ページ**14**参照）。顔（体前）と後頭部（体後ろ）を中表にしてぬい合わせる。

3

★ここまでできたら頭と体を表に返す。わたをつめ、形を整えて仕上げる（44ページ**18**～47ページ参照）。

ロングウェーブ

髪色 ミントグリーン

材料

- ♥ ソフトボア
- ♥ 刺しゅう糸
- ♥ 糸
- ♥ 手芸わた
- ♥ アイロン接着シート、または手芸用接着剤

型紙

- ★ ロングウェーブ

実物大型紙①②

⑩A〜C、ボディ（15cmの型紙すべて）

布の準備

⑩B 後ろ髪
⑩C サイドテール
⑩A 前髪
顔
下あご
後頭部2枚
耳4枚

型紙を使って布をカットする。後頭部は髪色のソフトボア、前髪と後ろ髪、サイドテールは髪色のソフトボア2枚を貼り合わせる。

1

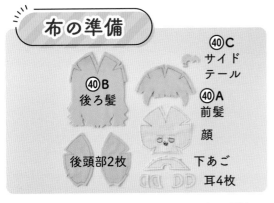

すべてのパーツのダーツをぬい、顔と下あごをぬい合わせる（39ページ1〜40ページ5参照）。
★ここまでできたらボディの体前とぬい合わせる。顔と前髪を仮ぬいする（44ページ16参照）。

2

耳を作り、後頭部とぬい合わせる（41ページ7〜42ページ11参照）。★ここまでできたら後頭部とボディの体後ろをぬい合わせる。後頭部と後ろ髪を仮ぬいし、サイドテール、後頭部とぬい合わせる（52ページ12、53ページ14参照）。顔（体前）と後頭部（体後ろ）を中表にしてぬい合わせる。

3

★ここまでできたら頭と体を表に返す。わたをつめ、形を整えて仕上げる（44ページ18〜47ページ参照）。

セミロングウェーブ

髪色 ライトピンク

材料
- ♥ ソフトボア ♥ 刺しゅう糸
- ♥ 糸 ♥ 手芸わた
- ♥ アイロン接着シート、
  または手芸用接着剤

型紙
- ★ セミロングウェーブ

実物大型紙①②
- ㊸A・B、ボディ
  （15cmの型紙すべて）

布の準備

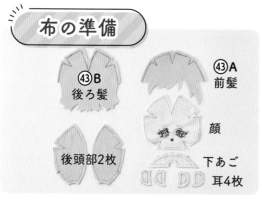

㊸B
後ろ髪

㊸A
前髪

後頭部2枚

顔

下あご
耳4枚

型紙を使って布をカットする。後頭部は髪色の
ソフトボア、前髪と後ろ髪は髪色のソフトボア
2枚を貼り合わせる。

1

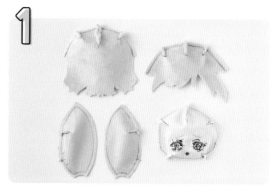

すべてのパーツのダーツをぬい、顔と下あごを
ぬい合わせる（39ページ1〜40ページ5参照）。
★ここまでできたらボディの体前とぬい合わせる。
顔と前髪を仮ぬいする（44ページ16参照）。

2

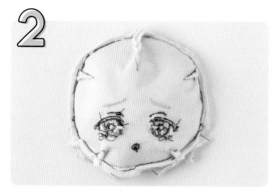

耳を作り、後頭部とぬい合わせる（41ページ7
〜42ページ11参照）。★ここまでできたら後頭部
とボディの体後ろをぬい合わせる。後頭部と後ろ
髪を仮ぬいする（52ページ12参照）。顔（体前）
と後頭部（体後ろ）を中表にしてぬい合わせる。

3

★ここまでできたら頭と体を表に返す。わたをつ
め、形を整えて仕上げる（44ページ18〜47ペー
ジ参照）。

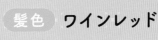

サイドまとめ髪

髪色 **ワインレッド**

材料

- ♥ ソフトボア
- ♥ 糸
- ♥ 刺しゅう糸
- ♥ 手芸わた
- ♥ アイロン接着シート、または手芸用接着剤

型紙

- ★ サイドまとめ髪

実物大型紙①②

㊻A〜C、ボディ（15㎝の型紙すべて）

布の準備

型紙を使って布をカットする。後頭部は髪色のソフトボア、前髪とトップ髪、サイド髪は髪色のソフトボア2枚を貼り合わせる。

1

すべてのパーツのダーツをぬい、顔と下あごをぬい合わせる（39ページ1〜40ページ5参照）。
★ここまでできたらボディの体前とぬい合わせる。顔と前髪を仮ぬいする（44ページ16参照）。

2

耳を作り、後頭部とぬい合わせる（41ページ7〜42ページ11参照）。★ここまでできたら後頭部とボディの体後ろをぬい合わせる。後頭部、トップ髪、サイド髪を後頭部とぬい合わせる（52ページ12、53ページ14参照）。顔（体前）と後頭部（体後ろ）を中表にしてぬい合わせる。

3

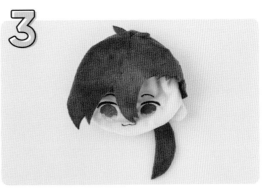

★ここまでできたら頭と体を表に返す。わたをつめ、形を整えて仕上げる（44ページ18〜47ページ参照）。

クマ耳＆クマしっぽ
（ベースの髪型は耳下ボブ）

色 耳・しっぽ：カフェオレ
髪：コーラルピンク

材料
- ♥ ソフトボア
- ♥ 刺しゅう糸
- ♥ 糸 ♥ 手芸わた
- ♥ アイロン接着シート、
  または手芸用接着剤

型紙
- ★ クマ耳、クマしっぽ ★ 耳下ボブ

実物大型紙①②
- ㊹A・B、㉘A・B
- ボディ（15cmの型紙すべて）

布の準備

㉘A 前髪
㉘B 後ろ髪
後頭部2枚

㊹A クマ耳4枚
顔
下あご
耳4枚
㊹B しっぽ2枚

型紙を使って布をカットする。後頭部は髪色の
ソフトボア、前髪と後ろ髪は髪色のソフトボア
2枚を貼り合わせる。クマ耳とクマしっぽは使
う色の布をカットする。

1

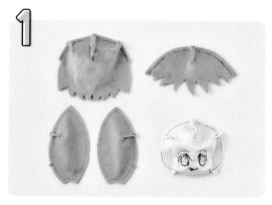

すべてのパーツのダーツをぬい、顔と下あご
をぬい合わせる（39ページ**1**〜40ページ**5**参
照）。★ここまでできたらボディの体前とぬい
合わせる。顔と前髪を仮ぬいする（44ページ**16**
参照）。

2

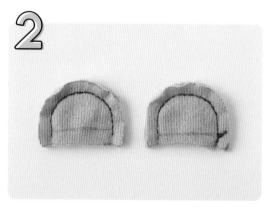

クマ耳は2枚ずつ中表に合わせてぬい、ぬいし
ろの幅を半分くらいに切り落とす（41ページ**7**、
8参照）。

3

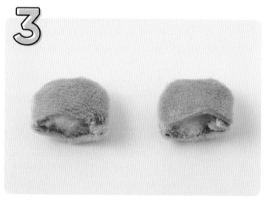

クマ耳は表に返してわたをつめる（41ページ
9参照）。

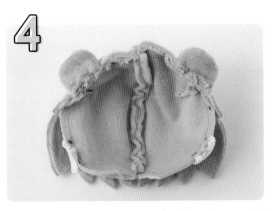

4

耳を作り（41ページ**7**〜**9**参照）、**3**のクマ耳とともに後頭部をぬい合わせる（42ページ**10**、**11**参照）。★ここまでできたら後頭部とボディの体後ろをぬい合わせる。

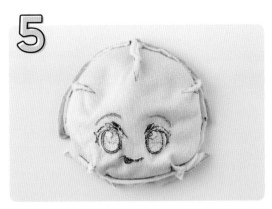

5

後頭部と後ろ髪を仮ぬいし（52ページ**12**参照）、顔（体前）と後頭部（体後ろ）を中表にしてぬい合わせる。

6

★ここまでできたら頭と体を表に返す。わたをつめ、形を整えて仕上げる（44ページ**18**〜**47**ページ参照）。

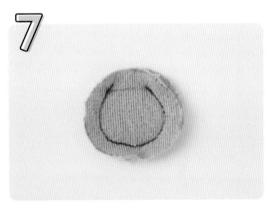

7

クマしっぽは2枚ずつ中表に合わせて、返し口を開けてぬい、ぬいしろの幅を半分くらいに切り落とす。

8

しっぽは表に返してわたをつめ、おしりにぬいつける。

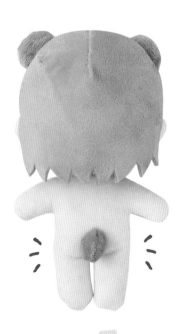

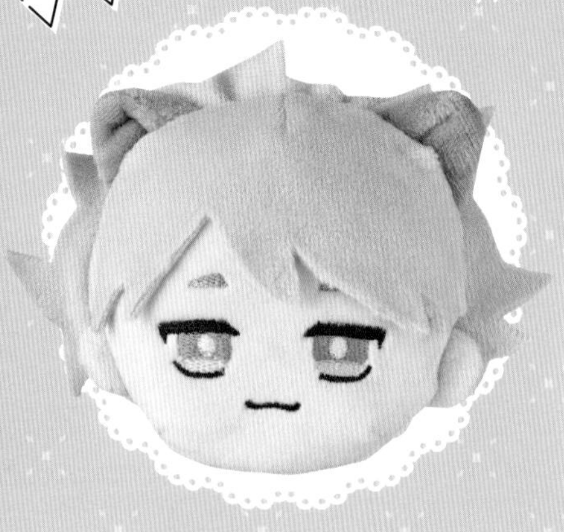

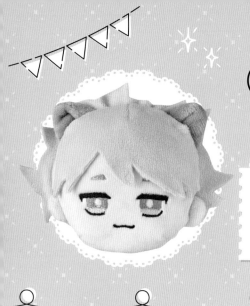

ネコ耳
（ベースの髪型はショートパーマ）

色
耳：カフェオレ
髪：ライトライラック

材料
- ソフトボア
- 刺しゅう糸
- 糸
- 手芸わた
- アイロン接着シート、または手芸用接着剤

型紙
★ネコ耳　★ショートパーマ

実物大型紙①②
(52)A、⑦A～C
ボディ（15cmの型紙すべて）
※⑦の型紙は反転して使用しています。

布の準備

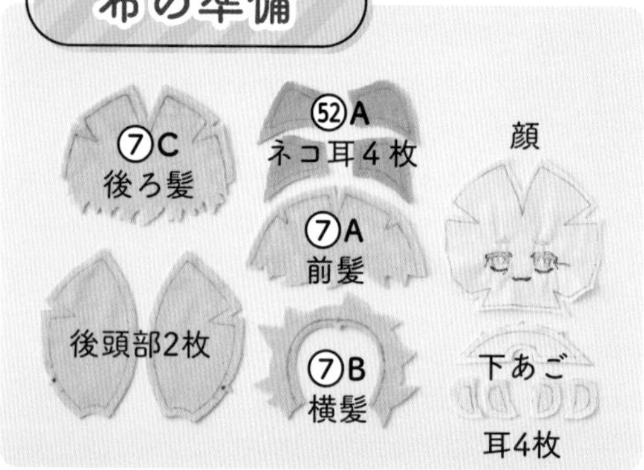

⑦C
後ろ髪
(52)A
ネコ耳４枚
顔
⑦A
前髪
後頭部2枚
⑦B
横髪
下あご
耳4枚

型紙を使って布をカットする。後頭部は髪色のソフトボア、前髪と後ろ髪、横髪は髪色のソフトボア２枚を貼り合わせる。ネコ耳は使う色の布をカットする。

1

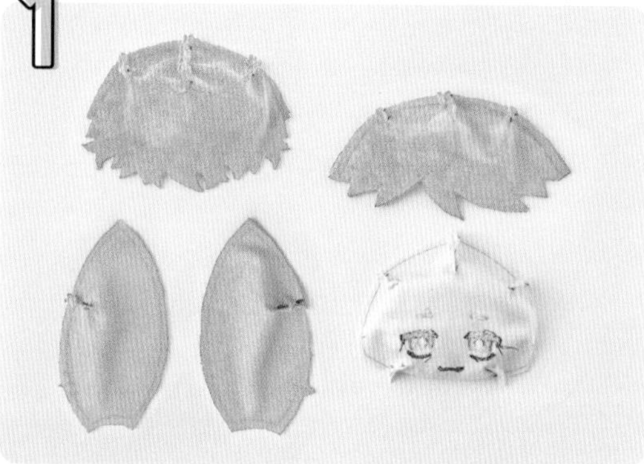

すべてのパーツのダーツをぬい、顔と下あごをぬい合わせる（39ページ1～40ページ5参照）。★ここまでできたらボディの体前とぬい合わせる。顔と前髪を仮ぬいする（44ページ16参照）。

2

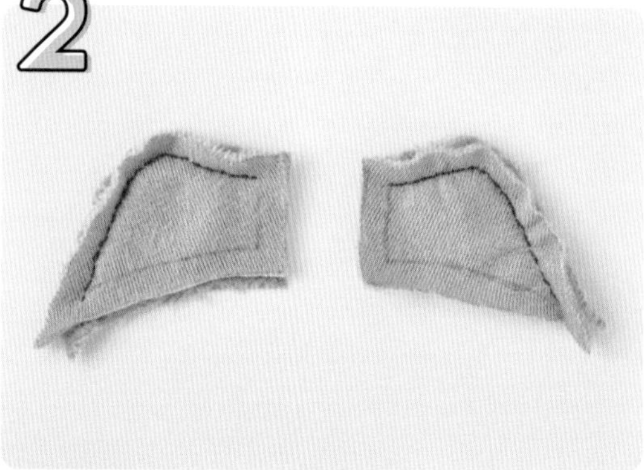

ネコ耳は２枚ずつ中表に合わせてぬい、ぬいしろの幅を半分くらいに切り落とす（41ページ7～8参照）。

3

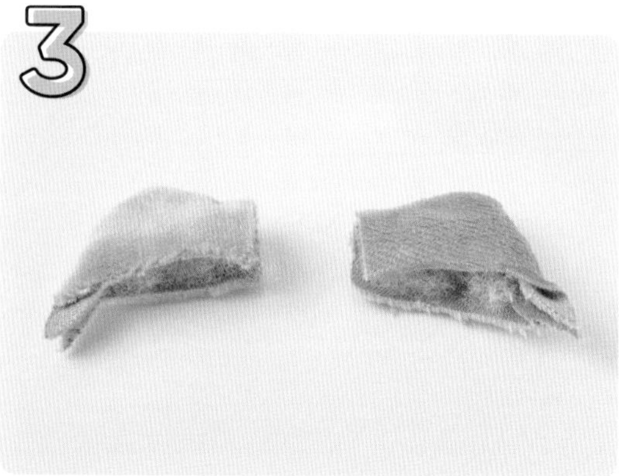

ネコ耳は表に返してわたをつめる（41ページ9参照）。

4

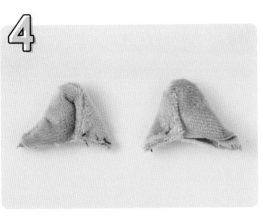

ネコ耳は折りたたんで仮ぬいする。

5

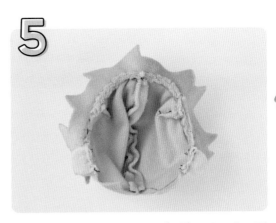

耳を作り（41ページ**7**〜**9**参照）、**4**のネコ耳とともに後頭部とぬい合わせる（42ページ**10**、**11**参照）。横髪に切り込みを入れ、後頭部とぬい合わせる（52ページ**12**〜53ページ**14**参照）。
★ここまでできたら後頭部とボディの体後ろをぬい合わせる。

6

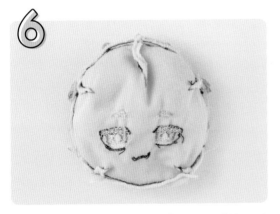

後頭部と後ろ髪を仮ぬいし（52ページ**12**、53ページ**14**参照）、顔（体前）と後頭部（体後ろ）を中表にしてぬい合わせる。

7

★ここまでできたら頭と体を表に返す。わたをつめ、形を整えて仕上げる（44ページ**18**〜47ページ参照）。

ネコの
しっぽのつけ方

→75ページ

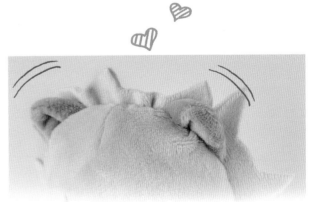

前髪ありオールバック

髪色 クリーム

材料

- ♥ ソフトボア
- ♥ 刺しゅう糸
- ♥ 糸
- ♥ 手芸わた
- ♥ アイロン接着シート、
  または手芸用接着剤

型紙

★ 前髪ありオールバック

実物大型紙①

⑩A〜C、ボディ
（15cmの型紙すべて）

布の準備

⑩B 後ろ髪
⑩C 毛束
⑩A 前髪
顔
下あご
後頭部2枚
耳4枚

型紙を使って布をカットする。後頭部は髪色の
ソフトボア、前髪と後ろ髪、毛束は髪色のソフ
トボア2枚を貼り合わせる。B 後ろ髪と C 毛束
の型紙は重なっているので、コピーするか別の
紙に写し取ってから使う。

1

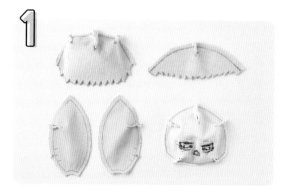

すべてのパーツのダーツをぬい、顔と下あごを
ぬい合わせる（39ページ**1**〜40ページ**5**参照）。
★ここまでできたらボディの体前とぬい合わせる。
顔と前髪を仮ぬいする（44ページ**16**参照）。

2

耳を作り、後頭部とぬい合わせる（41ページ**7**
〜42ページ**11**参照）。★ここまでできたら後頭部
とボディの体後ろをぬい合わせる。後頭部と後ろ
髪を仮ぬいする（52ページ**12**参照）。顔（体前）
と後頭部（体後ろ）を中表にしてぬい合わせる。

3

★ここまでできたら頭と体を表に返す。わたをつ
め、形を整えて仕上げる（44ページ**18**〜47ペー
ジ参照）。毛束を前髪に手芸用接着剤で貼る（74
ページ**31**参照）。

PART 4

洋服の作り方

型紙は作り方ページか 122 ページ〜 127 ページに載っています。コピーするか別の紙に写し取って使いましょう。

洋服はミシンでも手ぬいでも作ることができます。複数のパーツがあるため、型紙と布の準備の写真を見て、布を用意しましょう。「わ」になっている型紙は切り取って布に写したら、裏返して「わ」の点線の位置を合わせ、もう半分も写し取ります（28 ページ参照）。ほつれやすい布を使う場合は端にほつれ止め液をぬり、乾いてからぬい始めましょう。仕上がり線で折るときはアイロンをかけるときれいに仕上がります。首周りなどカーブしている部分は、手ぬいの場合は切り込みを入れてからぬうほうがきれいに仕上がります。

Tシャツ
15cm用

材料

- ♥ ナイレックス、 または好みの布
- ♥ 薄型面ファスナー （貼るタイプ）
- ♥ 糸

型紙 97 ページ

- ★ Tシャツ（15cm）

布の準備

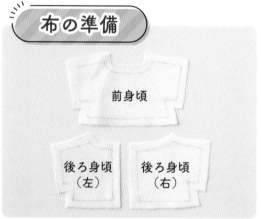

前身頃

後ろ身頃（左）　後ろ身頃（右）

Tシャツ（15cm）の型紙を使い、布をカットする。

1

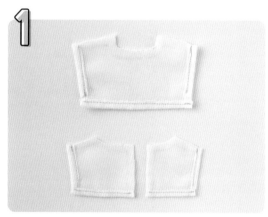

前身頃と後ろ身頃はそれぞれの袖口と裾を仕上がり線で内側に折ってぬう。

2

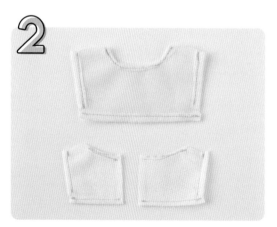

前身頃と後ろ身頃はそれぞれの首回りを仕上がり線で内側に折ってぬう。

3

後ろ身頃の端を仕上がり線で内側に折ってぬい、前身頃と後ろ身頃を中表に合わせて重ね、肩のラインをぬう。

4

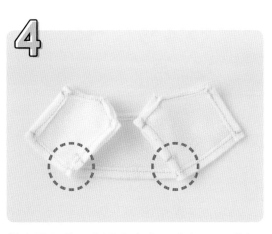

前身頃と後ろ身頃を中表に合わせて重ね、脇の下のⅤ字になっている仕上がり線上をぬう。

5

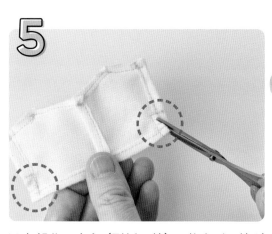

Ⅴ字部分の中心（型紙の線）に仕上がり線ギリギリまで、切り込みを入れる。

PART 4

洋服の作り方｜Tシャツ（15cm用）

6

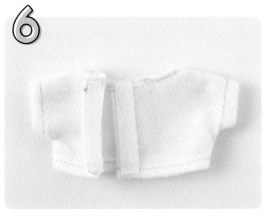

後ろ身頃の端に面ファスナーをつける。

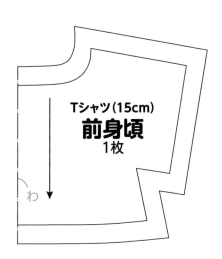

Tシャツ（15cm）
前身頃
1枚

わ

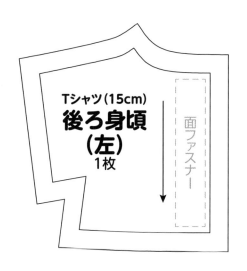

Tシャツ（15cm）
後ろ身頃（左）
1枚

面ファスナー

背中心

面ファスナー

Tシャツ（15cm）
後ろ身頃（右）
1枚

Tシャツ
22cm用

材料

- ♥ ナイレックス、または好みの布
- ♥ 薄型面ファスナー（貼るタイプ）
- ♥ 糸

型紙 122 ページ

- ★ Tシャツ（22cm）

布の準備

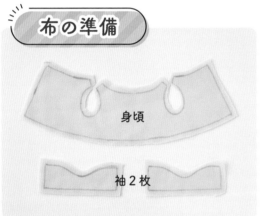

Tシャツ（22cm）の型紙を使い、布をカットする。

1

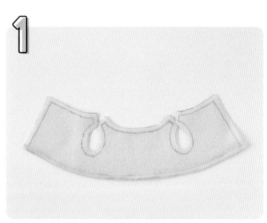

身頃の裾を仕上がり線で内側に折ってぬう。

2

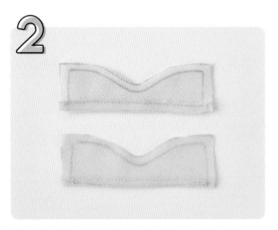

袖の端（袖口）を仕上がり線で内側に折ってぬう。

3

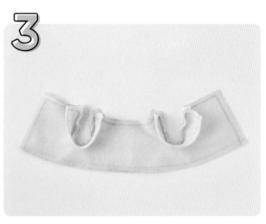

身頃と袖を中表に合わせ、袖ぐりをぬう。

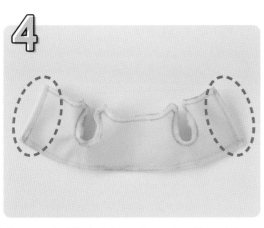

4

身頃の端（背中心）を仕上がり線で内側に折ってぬう。

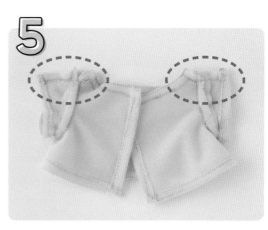

5

前身頃と後ろ身頃、袖をそれぞれ中表に合わせて重ね、肩のラインをぬう。

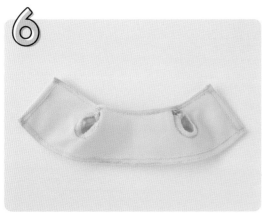

6

身頃の首回りを仕上がり線で内側に折ってぬう。

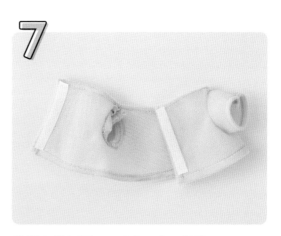

7

身頃の端に面ファスナーをつける。

Tシャツの
アレンジアイデアは
→120ページ

Tシャツ
寝ころび・小用

材料

- ♥ ナイレックス、 または好みの布
- ♥ 薄型面ファスナー （貼るタイプ）
- ♥ 糸

型紙 101 ページ

- ★ Tシャツ（寝ころび・小）

寝ころび・大用は寝ころび・小用を160％ 拡大して使います。

布の準備

身頃

袖2枚

Tシャツ（寝ころび・小）の型紙を使い、布 をカットする。

1

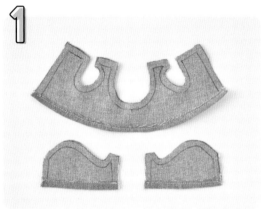

身頃の裾、袖の端をそれぞれ仕上がり線で 内側に折ってぬう。

2

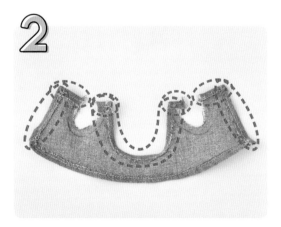

身頃の首回り、身頃の端、身頃の上部4か 所を、順に仕上がり線で内側に折ってぬう。

3

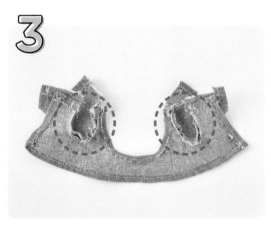

身頃と袖脇を中表に合わせ、袖ぐりをぬう。

4

袖をぬう。

5

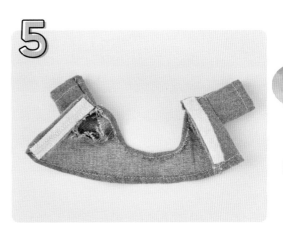

身頃の端に面ファスナーを貼る。

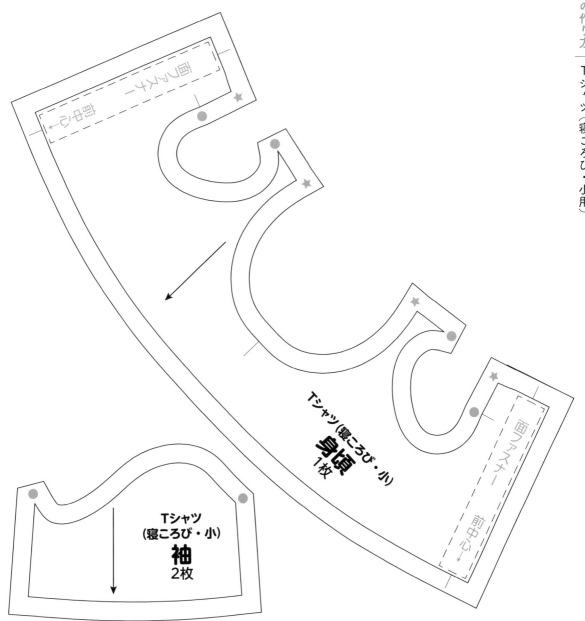

面ファスナー

←前中心→

★

Tシャツ（寝ころび・小）
身頃
1枚

★

★

★

面ファスナー

前中心→

Tシャツ
（寝ころび・小）
袖
2枚

ジャケット＆開襟シャツ
22cm用

材料

- ♥ ナイレックス、
  または好みの布
- ♥ 糸

型紙 122〜123 ページ

- ★ ジャケット＆開襟シャツ（22cm）

※ジャケットとシャツとで袖の形状が異なります。型紙は、ジャケットはJK袖を、シャツはシャツ袖を選んでください。

布の準備

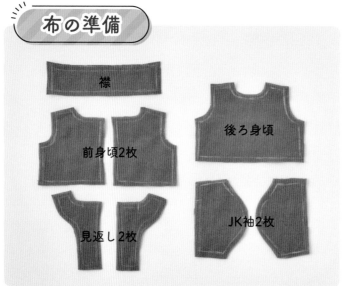

襟

前身頃2枚

後ろ身頃

見返し2枚

JK袖2枚

ジャケット＆開襟シャツ（22cm）の型紙を使い、布をカットする。写真はジャケットの布を切ったところ。開襟シャツの作り方は105ページ。

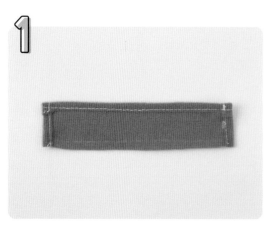

襟のふちを仕上がり線で内側に折ってぬう。

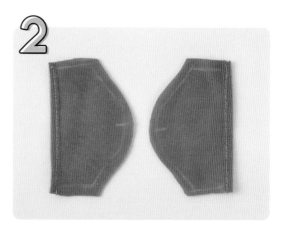

袖の長辺を仕上がり線で内側に折ってぬう。

3

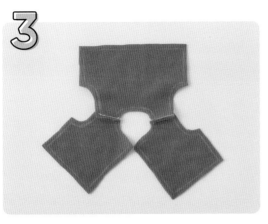

前身頃と後ろ身頃を中表に合わせて重ね、
肩のラインをぬう。

4

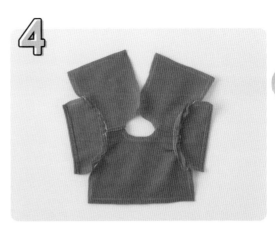

3の身頃に**2**の袖を中表に合わせ、ぬう。

5

見返しを仕上がり線で内側に折ってぬう。

6

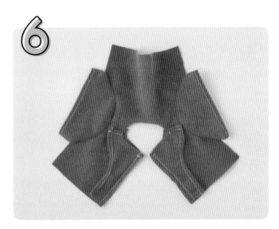

5の見返しを**4**の身頃に中表に重ねて合わ
せ、ぬう。

7

身頃に襟をぬいつける。襟の端と見返しの
合印を合わせ、ぬう。

Point!

襟はひっくり返すので、中表
で重ねないように注意する。

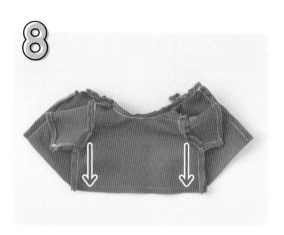

8

前身頃と後ろ身頃の脇を、袖の下から下に向かってぬう。

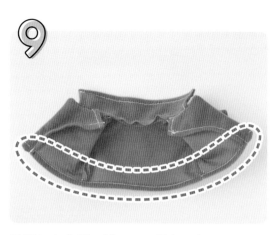

9

見返しを内側に折って、裾をぬう。

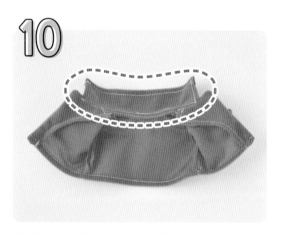

10

見返しを内側に折って、襟もとをぬう。

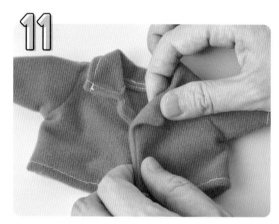

11

見返しをきれいに折り、ラペル（襟）を作る。うまくいかないときは、アイロンで折り目をつけたり、手芸用接着剤を使ってもよい。

ジャケット＆
開襟シャツの
アレンジアイデアは
➡120ページ

開襟シャツの場合は…

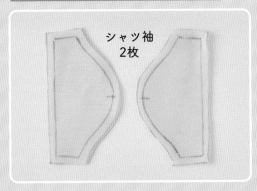

シャツ袖
2枚

\ できあがり! /

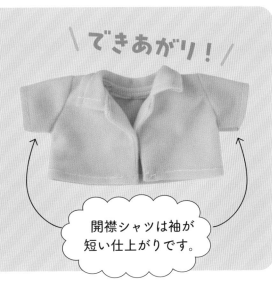

開襟シャツは、袖の型紙が異なりますが、
作り方はジャケットと同じです。

開襟シャツは袖が
短い仕上がりです。

15cmの開襟シャツの作り方

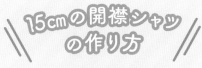

1 123ページの開襟シャツ（15cm）の型紙を使い、生地をカットする。

2 102ページの 1 と同様に襟のふちをぬう。

3 後ろ身頃の袖口を仕上がり線で内側に折ってぬう。

4 103ページ 3 と同様に前身頃と後ろ身頃を合わせて重ね、肩のラインをぬう。

5 脇の下のV字になっている仕上がり線上をぬう。V字部分の中心（型紙の線）に仕上がり線ギリギリまで切り込みを入れる。

6 103ページ 6 と同様に見返しを身頃に中表に重ねて合わせ、ぬう。

7 103ページ 7 と同様に身頃に襟をぬいつける。

8 104ページの 9 ～ 11 と同様にして作る。

PART 4 洋服の作り方｜ジャケット＆開襟シャツ（22cm／15cm用）

フード付きケープ
15cm用

材料

♥ ナイレックス、
　または好みの布
♥ 糸

型紙 124 ページ

★ フード付きケープ（15cm）
22cm用は15cm用を120％拡大して使います。

布の準備

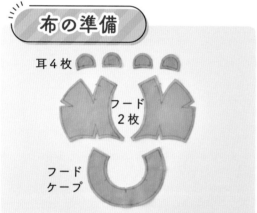

耳4枚

フード
2枚

フード
ケープ

フード付きケープ（15cm）の型紙を使い、布をカットする。

1

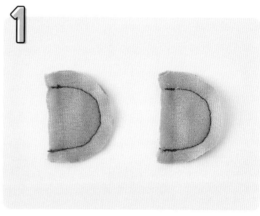

耳は2枚ずつ中表に合わせて、ぬう。耳2つは表に返しておく。

Point!

生地がボアの場合はぬった後に、耳のぬいしろを半分くらいの幅に切り落とす。

2

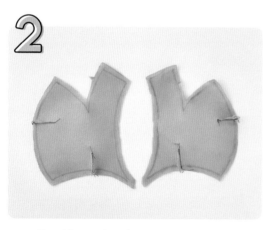

フードのダーツをぬう。

ボア生地で
作ると
かわいい！

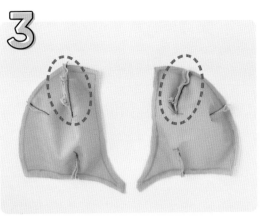

3

Point!

返したところ。

耳をフードの合印に合わせてぬう。

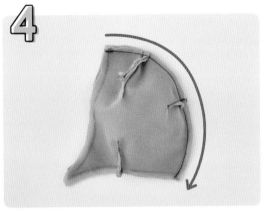

4

フード2枚を中表に合わせ、頭の後ろ中心をぬう。

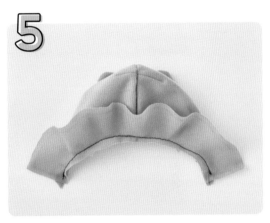

5

4のフードにフードケープを合わせて、ぬう。

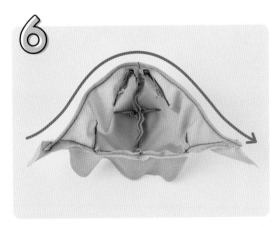

6

フードの端（顔まわり）を仕上がり線で内側に折ってぬう。

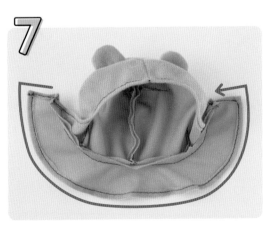

7

ケープの裾を仕上がり線で内側に折ってぬう。

ズボン
15cm、22cm用

材料
- ♥ ナイレックス、
  または好みの布
- ♥ ゴム
- ♥ 糸

型紙 109 ページ
- ★ ズボン
  （15cm、または 22cm）

布の準備

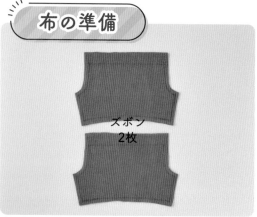

ズボン（15cm、または22cm）の型紙を使い、布をカットする。写真は15cm。

1

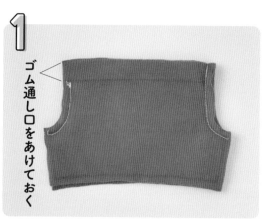

ゴム通し口をあけておく

股上をぬう。2枚を中表にして重ね、仕上がり線の上をぬう。片方はゴム通し口のため、1.5cmほどぬわない。ぬいしろは開いておく。

2

裾をぐるりとぬう。

3

股下をぬう。

4

ゴム通し口

1 でぬわなかった部分を写真のように折り込んでぬい、ゴム通し口を作る。

5

ウエストを仕上がり線で内側に折ってぬう。

6

ゴムを通し、ゴムの端を重ねてぬう。表に返す。

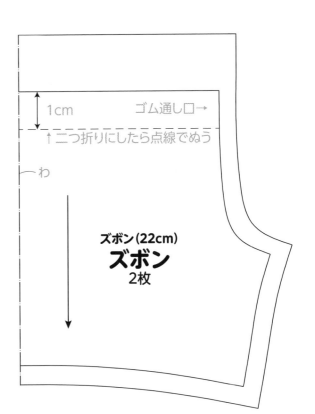

1cm　　　　　ゴム通し口→

↑二つ折りにしたら点線でぬう

わ

ズボン（22cm）
ズボン
2枚

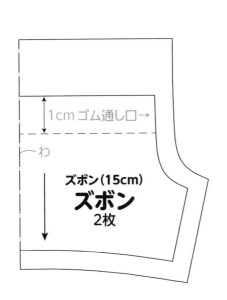

1cmゴム通し口→

わ

ズボン（15cm）
ズボン
2枚

ズボン
寝ころび・小用

材料

- ♥ ナイレックス、
  または好みの布
- ♥ 薄型面ファスナー
  （貼るタイプ）
- ♥ 糸

型紙 111 ページ

★ ズボン（寝ころび・小）

寝ころび・大用は寝ころび・小用を160％
拡大して使います。

布の準備

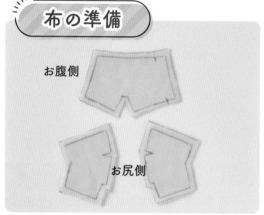

お腹側

お尻側

ズボン（寝ころび・小）の型紙を使い、布を
カットする。

1

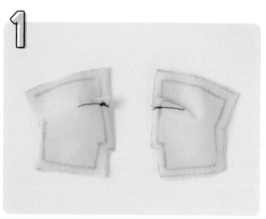

お尻側のダーツをぬう。

2

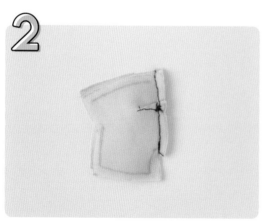

1のお尻側を中表にして重ね、ぬう。

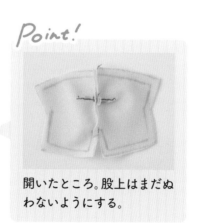

Point!

開いたところ。股上はまだぬ
わないようにする。

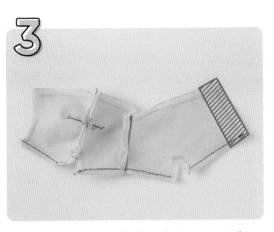

3

1のお尻側と、お腹側を中表にして重ね、ぬう。裾を仕上がり線で内側に折ってぬう。斜線部の面ファスナーをつける位置をぬわないように注意。

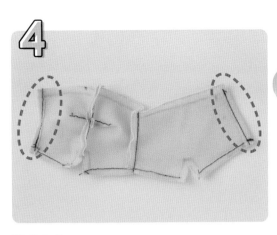

4

脇をぬう。

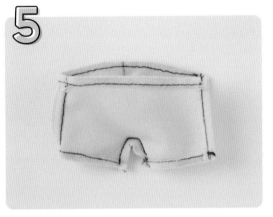

5

ウエストを仕上がり線で内側に折ってぬう。

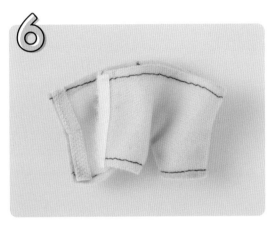

6

表に返し、端に面ファスナーをつける。お尻側のかぶせる方は面ファスナーを2つに切ると、着せたときに立体感が出る。

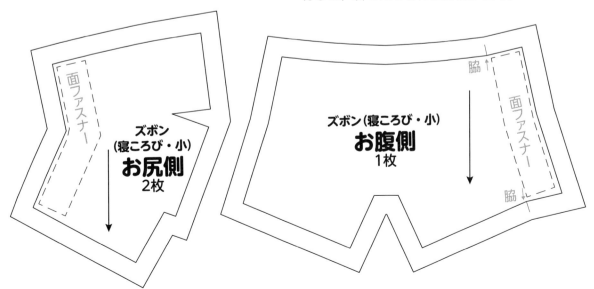

面ファスナー

ズボン
（寝ころび・小）
お尻側
2枚

脇↑

ズボン（寝ころび・小）
お腹側
1枚

面ファスナー

脇

スカート
15cm、22cm用

材料
- ♥ ナイレックス、 または好みの布
- ♥ 糸
- ♥ ゴム

型紙 125 ページ
- ★ スカート （15cm、または 22cm）

型紙 125 ページ

布の準備

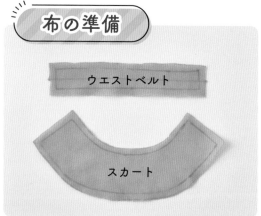

スカート（15cm、または22cm）の型紙を使い、布をカットする。写真は15cm。

1

スカートは中表にして両端を合わせ、端の仕上がり線をぬう。

2

1のぬい目を開き、裾を仕上がり線で内側に折ってぬう。

3

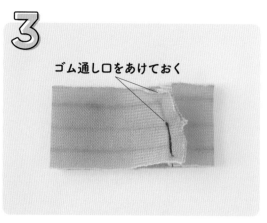

ゴム通し口をあけておく

ウエストベルトを中表にして両端を合わせ、端をぬう。ゴム通し口のため、1cmほどぬわない。

4

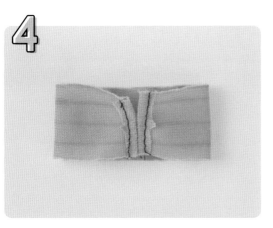

3のウエストベルトのぬいしろを開き、ぬう。

5

2のスカートの内側に4のウエストベルトを重ねて合わせ、ぬう。ゴム通し口をぬわないように注意。

6

ウエストベルトを仕上がり線で内側に折り、端をぬう。

Point!

ゴム通し口を拡大したところ。ここからゴムを入れてぐるっと通す。

7

ゴムを通し、ゴムの端を重ねてぬう。表に返す。

寝ころび・小用のスカートの作り方

1 125ページのスカート（寝ころび・小）の型紙を使い、生地をカットする。

寝ころび・大用は寝ころび・小用を160％拡大して使う。

2 仕上がり線で内側に折り返し、ぬう。

3 両端に面ファスナーをつける。

スカート用かぼちゃパンツ
15cm、22cm用

材料

- ♥ナイレックス、または好みの布
- ♥ゴム
- ♥糸

型紙 126 ページ

- ★スカート用 かぼちゃパンツ （15cm、または22cm）

布の準備

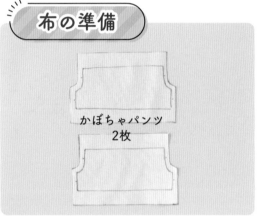

かぼちゃパンツ 2枚

かぼちゃパンツ（15cm、または22cm）の型紙を使い、布をカットする。写真は15cm。

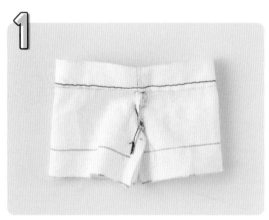

1

2枚を中表にして重ね、股上をぬう（108ページ1参照）。股下をぬう（108ページ3参照）。

2

ウエストを仕上がり線で内側に折ってぬう。ゴム通し口を作る（109ページ4、5参照）。裾を仕上がり線で内側に折ってぬう（ゴムが通る分を開けておく）。ウエストと裾それぞれにゴムを通し、ゴムの端を重ねてぬう。表に返す。

サロペット
15cm、22cm用

材料
- ♥ ナイレックス、 または好みの布
- ♥ 糸

型紙 126 〜 127 ページ
- ★ サロペット （15cm、または 22cm）

布の準備

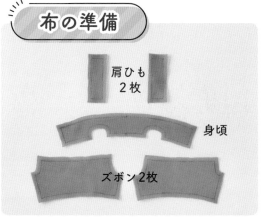

肩ひも 2枚

身頃

ズボン2枚

サロペット（15cm、または22cm）の型紙を使い、布をカットする。写真は15cm。

1

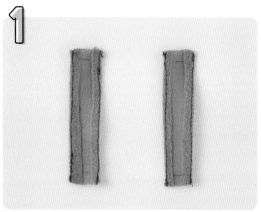

肩ひもは両端の仕上がり線で内側に折り、ぬう。

2

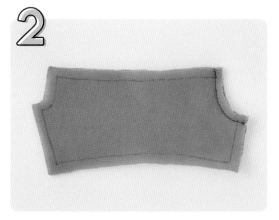

ズボン2枚を中表にして重ね、股上を仕上がり線の上をぬう。

Point!

広げたところ。

3

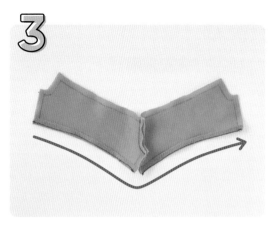

裾をぐるりとぬう。

4

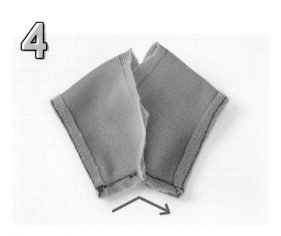

股下をぬう。

5

身頃と **4** のズボンを中表にして重ね、仕上がり線の上をぬう。

Point!

開くと身頃とズボンが写真のようにつながる。

6

脇に3か所、はさみで切り込みを入れる。もう一方の脇も同様にする。

7

脇をぬう。

8

股下の上の面ファスナーをつけるあたりの内側に2か所、はさみで切り込みを入れる。

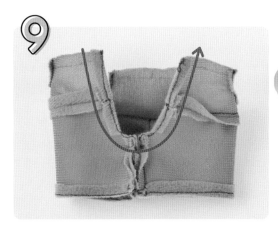

9

股下の上、面ファスナーをつけるあたりを、仕上がり線の上をぬう。

10

1の肩ひもを身頃にぬいつける。

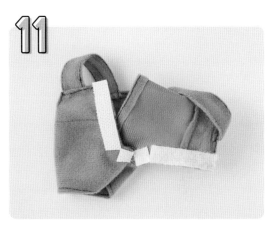

11

身頃の後ろに面ファスナーをつける。股の近くは小さくつけるとよい。

裾にゴムを入れても！

裾にゴムを入れてもかわいい！　ゴムを入れる場合は、丈を1㎝のばし、スカート用かぼちゃパンツと同じようにする（114ページ**2**参照）

帽子
15㎝用

材料

♥ ナイレックス、
 または好みの布
♥ 糸

型紙 127 ページ

★ 帽子（15㎝）
22㎝用の帽子は15㎝用の型紙を120％
拡大して使います。

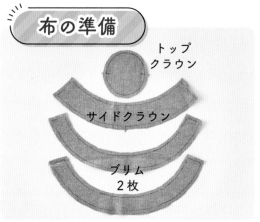

トップ
クラウン

サイドクラウン

ブリム
2枚

帽子（15㎝）の型紙を使い、布をカットする。

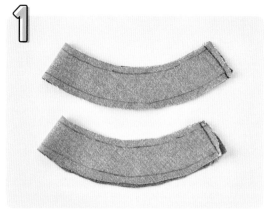

1 ブリムは中表にして両端を合わせて、端を
ぬう。ぬい目は開いておく。

2 1のブリム2枚を開いて中表に合わせて重
ね、ブリムの外側をぬい合わせたら表に返す。
ブリムの内側をずれないように仮どめクリッ
プでとめ、ぬい合わせる。

3 サイドクラウンは1と同様に中表にして両端
を合わせて、端をぬう。ぬい目は開き、内側
をトップクラウンを合わせて、ぬう。サイド
クラウンの外側とブリムを合わせ、ぬう。表
に返して形を整える。

スニーカー
22cm用

材料
- ♥ フェルト
- ♥ 手芸用接着剤

型紙 127 ページ
- ★ スニーカー

布の準備

靴底 2 枚
側面 2 枚
足の甲 2 枚
つま先 2 枚

スニーカー（22cm）の型紙を使い、布をカットする。

1

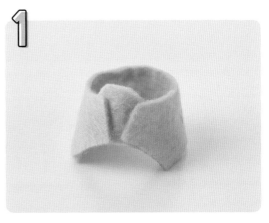

足の甲1枚の両端に接着剤をつけ、側面1枚を丸くなるように接着する。

2

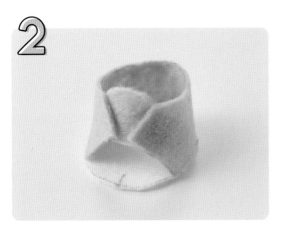

靴底1枚を **1** の底に接着する。

3

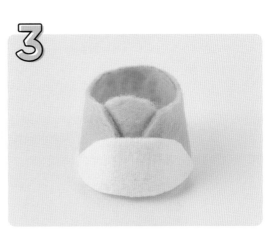

つま先1枚を前部分に接着する。同様にもう一足作る。

Ｔシャツ＆
ジャケット・開襟シャツ
アレンジアイデア集

型紙はそのままで、布の使い方や装飾を少し工夫すると、
オリジナルのアイテムがどんどん作れます！

Ｔシャツ編

太いボーダー柄のニット生地を使用して２トーンカラーに！ 太いストライプ柄や、大きめのブロックチェック柄の布は、切る位置でバリエーションが増やせます。タグは手芸店で購入したもの。タグをつけると手軽にカッコいい雰囲気が出せます。

22cm

アイデア❶
タグをつける

アイデア❸
転写シートを使う

15cm

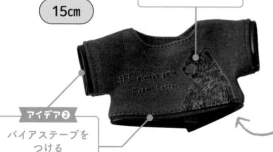

アイデア❷
バイアステープを
つける

合皮のバイアステープをカットして、袖口と裾につけます。いろんな柄や素材のバイアステープが売られているので、自分好みにアレンジ自在！ 渋めのクマ柄は100円ショップのアイロン転写シートを貼りつけたものです。

15cm

アイデア④
レースを
つける

アイデア⑤
袖を切る

15cm

アイデア⑥
テープを貼る

100円ショップのアイロン転写シート
を何枚か組み合わせて、とびっきり
キュートに！ 袖口に細いレースを、
裾にはギャザーが寄せてあるレース
をつけてワンピース風にアレンジ。

袖と裾などに白いテープを貼って、
名前と番号を貼りつければユニフ
ォーム風に変身！ 袖を切り落と
すと違う競技のユニフォームにも
応用できます。

ジャケット・開襟シャツ編

22cmジャケット

アイデア⑦
襟をなくす

15cmジャケット

アイデア⑧
別生地を
使う

襟をなくし、後ろ見返しの型紙を
追加してムートン風ジャケットに
アレンジ。後ろ身頃の型紙に見返
しの延長線を引くだけで作れます。

見返し、襟に別生地（ニット生地）
を使用。コロンとしたボタンでレト
ロ感を出します。襟に伸びのよい
生地を使うと襟ぐりのカーブに沿
いやすいので、品よく仕上がります。

シーチング生地に柄がプリントされている
ものを使用し、アロハシャツっぽく！ ク
リアボタンで涼やかな雰囲気をプラスしま
す。プリントシーチングは無地のものより
ほつれにくく、ほどよくハリがある生地な
ので初心者さんでも扱いやすくおすすめ。

アイデア⑨
ボタンを
つける

22cm開襟シャツ

洋服型紙

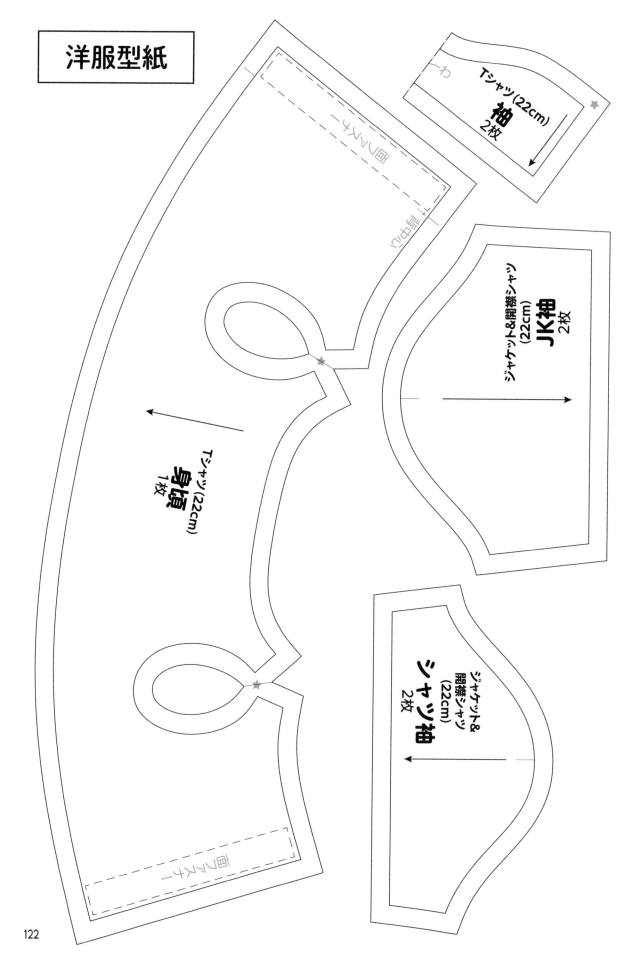

Tシャツ(22cm)
袖
2枚

ジャケット&開襟シャツ
(22cm)
JK袖
2枚

ジャケット&
開襟シャツ
(22cm)
ジャツ袖
2枚

Tシャツ(22cm)
身頃
1枚

わ

背中心(わ)

ジャケット用

ジャケット用

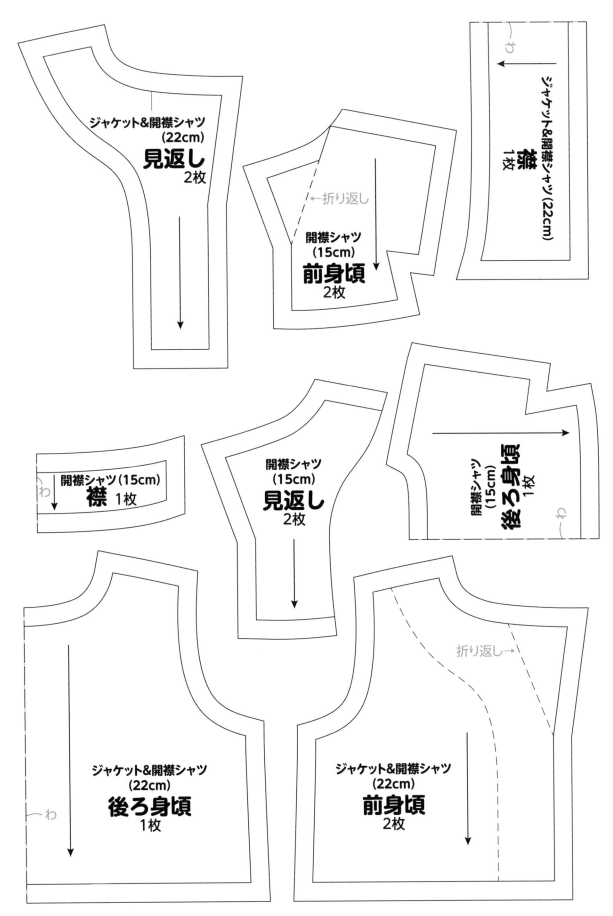

ジャケット&開襟シャツ (22cm)
見返し
2枚

開襟シャツ
(15cm)
前身頃
2枚

←折り返し

ジャケット&開襟シャツ (22cm)
襟
1枚

わ

開襟シャツ (15cm)
襟 1枚

わ

開襟シャツ
(15cm)
見返し
2枚

開襟シャツ
(15cm)
後ろ身頃
1枚

わ

ジャケット&開襟シャツ
(22cm)
後ろ身頃
1枚

わ

ジャケット&開襟シャツ
(22cm)
前身頃
2枚

折り返し→

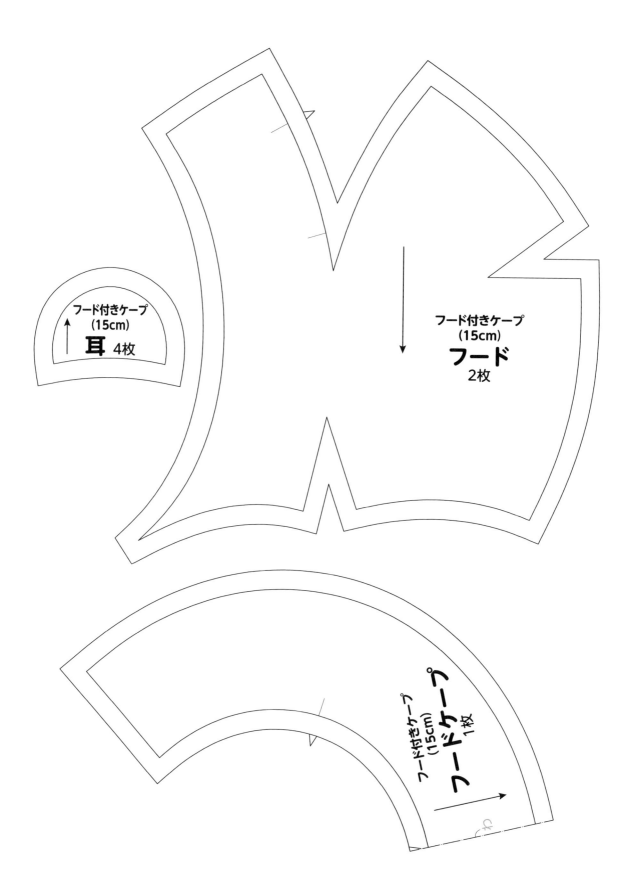

フード付きケープ
(15cm)
耳 4枚

フード付きケープ
(15cm)
フード
2枚

フード付きケープ
(15cm)
ケープ 1枚

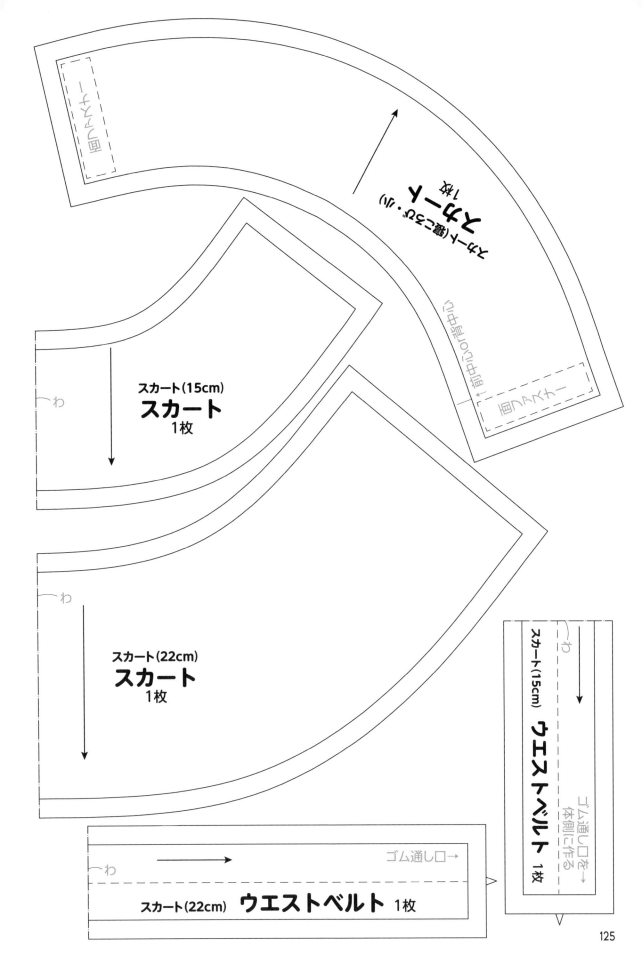

スカート（縫こう℃゛・い）
スカート
1枚

ウエストベルト面

前の中心をひろう

スカート(15cm)
スカート
1枚

わ

スカート(22cm)
スカート
1枚

わ

スカート(15cm)
ウエストベルト 1枚

わ

ゴム通し口を
体側に作る

スカート(22cm)
ウエストベルト 1枚

わ

ゴム通し口→

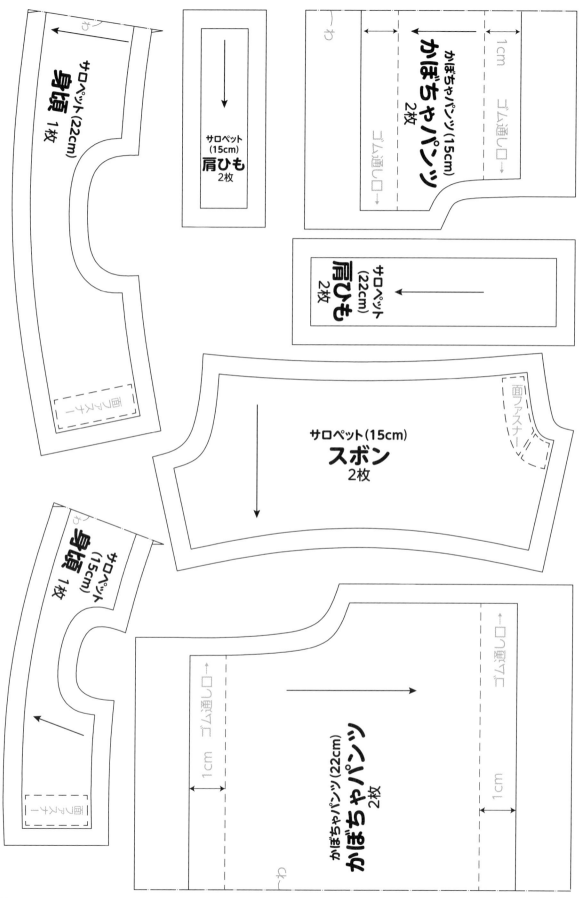

サロペット（22cm）
身頃 1枚
面ファスナー

サロペット（15cm）
肩ひも 2枚

かぼちゃパンツ（15cm）
2枚
1cm
ゴム通し口
ゴム通し口

サロペット（22cm）
肩ひも 2枚

サロペット（15cm）
スボン 2枚
面ファスナー

サロペット（15cm）
身頃 1枚
面ファスナー

かぼちゃパンツ（22cm）
2枚
1cm　ゴム通し口
1cm
ゴム通し口

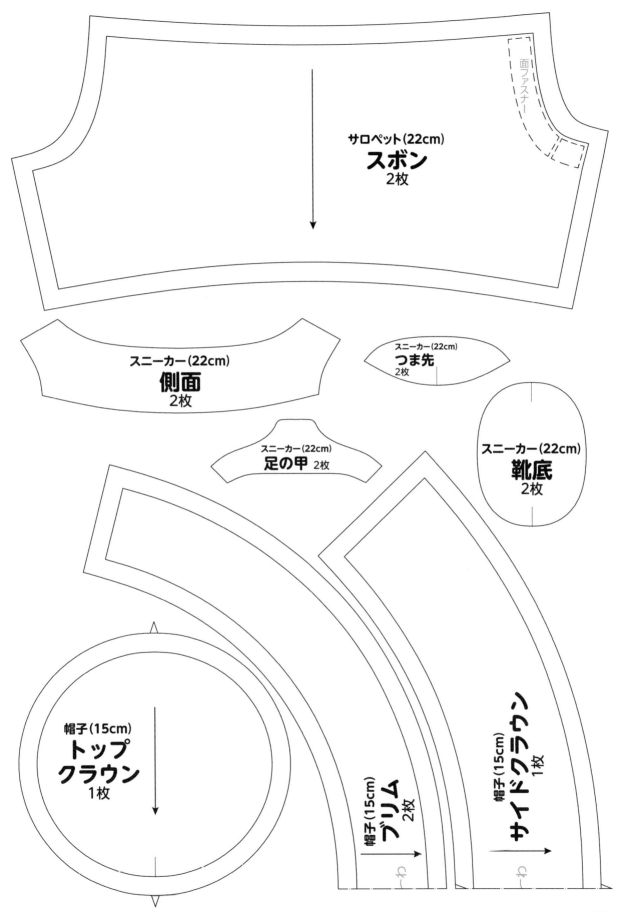

サロペット(22cm)
スボン
2枚

スニーカー(22cm)
側面
2枚

スニーカー(22cm)
つま先
2枚

スニーカー(22cm)
足の甲 2枚

スニーカー(22cm)
靴底
2枚

帽子(15cm)
**トップ
クラウン**
1枚

帽子(15cm)
ブリム
2枚

帽子(15cm)
サイドクラウン
1枚

面ファスナー

著者 グッズプロ（グッズプロ）

ぬいぐるみ制作用の布、綿、糸などのほか、手芸用品全般を豊富に取り揃える専門店。発送がとても早く、ぬい作りをする人々の支えとなっている。ぬいぐるみパターンが印刷されている生地「ぬいパタ」は発売後すぐに品切れになるなど、作り手のニーズを捉えた商品が人気となっている。沢山の皆様に幸せを届けるために日々奮闘中！

https://lit.link/goodspro

Twitter：@goods_pro

監修者 まろまゆ（まろまゆ）

SNSで型紙の無料配布や作り方の解説などを行い、フォロワーからの質問にもていねいに答え、ぬい作り初心者には欠かせない存在。イラストメイキングを公開しているYouTubeはチャンネル登録者数3.5万人と人気を集めている。

Twitter：@maromayu328saix

YouTube：@maromayu328

62〜65ページ監修 ぴよぴっこ（ぴよぴっこ）

ぬいや洋服の作り方の動画を配信している。YouTubeチャンネルは、登録者数約7万超えで、ぬい作りを極めたい人の支持を集めている。とくに中韓風のぬいの作り方をていねいに解説した動画が人気。

Twitter：@piyopicco

YouTube：@piyopicco

アレンジ洋服制作／さらり　https://sarari22.thebase.in　Twitter：@sarari_nui

ぬいぐるみ・洋服デザイン／まろまゆ

制作／藤堂佳苗・長谷川清美・鬼頭由莉・足立ひなた・吉田美帆・伊藤直美 and GoodsPro all members、北條雅子（ミシン工房ハチドリ）

撮影／奥村亮介（スタジオバンバン）、竹内浩務

スタイリング／露木 藍

カバー・本文デザイン／加藤美保子、大島歌織

型紙制作／株式会社ウエイド手芸制作部

洋服制作／渋谷 香、室伏真央

刺しゅう図案イラスト／ひかげすみひと

イラスト／小池百合穂

編集協力／平山祐子

かんたん！かわいい！はじめての推しぬい＆ぬい服

著　者	グッズプロ
監修者	まろまゆ
発行者	若松和紀
発行所	株式会社 **西東社**
	〒113-0034　東京都文京区湯島2-3-13
	https://www.seitosha.co.jp/
	電話　03-5800-3120（代）

※本書に記載のない内容のご質問や著者等の連絡先につきましては、お答えできかねます。

ISBN 978-4-7916-3294-7